S0-ARO-826

ALFAGUARA

Alfaguara es tu colección

Nos encantaría contar contigo para seleccionar los títulos que más te gusten. Cuéntanos qué te ha parecido este libro y cuáles son los temas sobre los que te gusta leer. Envíanos tu opinión junto con el título del libro, tu nombre, dirección, edad y teléfono a:

Editorial Alfaguara Infantil y Juvenil. «Alfaguara es tu colección».
C/ Torrelaguna, 60. 28043 Madrid.

Las brujas

Roald Dahl

Traducción de Maribel de Juan
Ilustraciones de Quentin Blake

Título original: *THE WITCHES*

• Aguilar, Altea, Taurus, Alfaguara, S. A. de Ediciones
Beazley, 3860. 1437 Buenos Aires

• Editorial Santillana, S. A. de C.V.
Avda. Universidad, 767. Col. Del Valle, México D.F. C.P. 03100

• Distribuidora y Editora Aguilar, Altea, Taurus, Alfaguara, S. A.
Calle 80, nº 10-23, Santafé de Bogotá-Colombia

ISBN: 84-204-4815-X
Depósito legal: M-48.039-2001
Printed in Spain - Impreso en España por
Printing-Book, S. L., Móstoles (Madrid)

Primera edición: marzo 1985
Segunda edición: septiembre 1993
Vigésima reimpresión: noviembre 2001

Una editorial del grupo **Santillana** que edita en
España • Argentina • Colombia • Chile • México
EE. UU. • Perú • Portugal • Puerto Rico • Venezuela

Diseño de la colección:
JOSÉ CRESPO, ROSA MARÍN, JESÚS SANZ

Editora:
MARTA HIGUERAS DÍEZ

Impreso sobre papel reciclado
de Papelera Echezarreta, S. A.

Las brujas

Para Liccy

UNA NOTA SOBRE LAS BRUJAS

En los cuentos de hadas, las brujas llevan siempre unos sombreros negros ridículos y capas negras y van montadas en el palo de una escoba.

Pero éste no es un cuento de hadas. Este trata de BRUJAS DE VERDAD.

Lo más importante que debes aprender sobre las BRUJAS DE VERDAD es lo siguiente. Escucha con mucho cuidado. No olvides nunca lo que viene a continuación.

Las BRUJAS DE VERDAD *visten ropa normal y tienen un aspecto muy parecido al de las mujeres normales. Viven en casas normales y hacen* TRABAJOS NORMALES.

Por eso son tan difíciles de atrapar.

Una BRUJA DE VERDAD odia a los niños con un odio candente e hirviente, más hirviente y candente que ningún odio que te puedas imaginar.

Una BRUJA DE VERDAD se pasa todo el tiempo tramando planes para deshacerse de los niños de su territorio. Su pasión es eliminarlos, uno por uno. Esa es la única cosa en la que piensa durante todo el día. Aunque esté trabajando de cajera en un supermercado, o escribiendo cartas a máquina para un hombre de negocios, o conduciendo un coche de lujo (y puede hacer cualquiera de estas cosas), su mente estará siempre tramando y maquinando, bullendo y rebullendo, silbando y zumbando, llena de sanguinarias ideas criminales.

«¿A qué niño», se dice a sí misma durante todo el día, «a qué niño escogeré para mi próximo golpe?».

Una BRUJA DE VERDAD disfruta tanto eliminando a un niño como *tú* disfrutas comiéndote un plato de fresas con nata.

Cuenta con eliminar a un niño por semana. Si no lo consigue, se pone de mal humor.

Un niño por semana hacen cincuenta y dos al año.

Espachúrralos, machácalos y hazlos desaparecer.

Ese es el lema de todas las brujas.

Elige cuidadosamente a su víctima. Entonces la bruja acecha al desgraciado niño como un cazador acecha a un pajarito en el bosque.

Pisa suavemente. Se mueve despacio. Se acerca más y más. Luego, finalmente, cuando todo está listo... *zass*... ¡se lanza sobre su presa! Saltan chis-

pas. Se alzan llamas. Hierve el aceite. Las ratas chillan. La piel se encoge. Y el niño desaparece.

Debes saber que una bruja no golpea a los niños en la cabeza, ni les clava un cuchillo, ni les pega un tiro con una pistola. La policía coge a la gente que hace esas cosas.

A las brujas nunca las cogen. No olvides que las brujas tienen magia en los dedos y un poder diabólico en la sangre. Pueden hacer que las piedras salten como ranas y que lenguas de fuego pasen sobre la superficie del agua.

Estos poderes mágicos son terroríficos.

Afortunadamente, hoy en día no hay un gran número de brujas en el mundo. Pero todavía hay suficientes como para asustarte. En Inglaterra, es probable que haya unas cien en total. En algunos países tienen más, en otros tienen menos. Pero ningún país está enteramente libre de BRUJAS.

Las brujas son siempre mujeres.

No quiero hablar mal de las mujeres. La mayoría de ellas son encantadoras. Pero es un hecho que todas las brujas *son* mujeres. No existen brujos.

Por otra parte, los vampiros siempre son hombres. Y lo mismo ocurre con los duendes. Y los dos son peligrosos. Pero ninguno de los dos es ni la mitad de peligroso que una BRUJA DE VERDAD.

En lo que se refiere a los niños, una BRUJA DE VERDAD es sin duda la más peligrosa de todas las criaturas que viven en la tierra. Lo que la hace doblemente peligrosa es el hecho de que no *parece* peligrosa. Incluso cuando sepas todos los secretos (te los contaremos dentro de un minuto), nunca podrás estar completamente seguro de si lo que estás viendo es una bruja o una simpática señora. Si un tigre pudiera hacerse pasar por un perrazo con una alegre cola, probablemente te acercarías a él y le darías palmaditas en la cabeza. Y ése sería tu fin.

Lo mismo sucede con las brujas. Todas parecen señoras simpáticas.

Haz el favor de examinar el dibujo que hay bajo estas líneas. ¿Cuál es la bruja? Es una pregunta difícil, pero todos los niños deben intentar contestarla.

Aunque tú no lo sepas, puede que en la casa de al lado viva una bruja ahora mismo.

O quizá fuera una bruja la mujer de los ojos brillantes que se sentó enfrente de ti en el autobús esta mañana.

Pudiera ser una bruja la señora de la sonrisa luminosa que te ofreció un caramelo de una bolsa de papel blanco, en la calle, antes de la comida.

Hasta podría serlo —y esto te hará dar un brinco— hasta podría serlo tu encantadora profesora, la que te está leyendo estas palabras en este mismo momento. Mira con atención a esa profesora. Quizá sonríe ante lo absurdo de semejante posibilidad. No dejes que eso te despiste. Puede formar parte de su astucia.

No quiero decir, naturalmente, ni por un segundo, que tu profesora sea realmente una bruja. Lo único que digo es que *podría* serlo. Es muy improbable. Pero —y aquí viene el gran «pero»— *no es imposible.*

Oh, si al menos hubiese una manera de saber con seguridad si una mujer es una bruja o no lo es, entonces podríamos juntarlas a todas y hacerlas picadillo. Por desgracia, no hay ninguna manera de saberlo. Pero sí hay ciertos indicios en los que puedes fijarte, pequeñas manías que todas las brujas tienen en común, y si las conoces, si las recuerdas siempre, puede que a lo mejor consigas librarte de que te eliminen antes de que crezcas mucho más.

Mi abuela

Yo mismo tuve dos encuentros distintos con brujas antes de cumplir los ocho años. Del primero escapé sin daño, pero en la segunda ocasión no tuve tanta suerte. Me sucedieron cosas que seguramente te harán gritar cuando las leas. No puedo remediarlo. Hay que contar la verdad. El hecho de que aún esté aquí y pueda contártelo (por muy raro que sea mi aspecto) se debe enteramente a mi maravillosa abuela.

Mi abuela era noruega. Los noruegos lo saben todo sobre las brujas, porque Noruega, con sus oscuros bosques y sus heladas montañas, es el país de donde vinieron las primeras brujas. Mi padre y mi madre también eran noruegos, pero como mi padre tenía un negocio en Inglaterra, yo había nacido y vivido allí, y había empezado a ir a un colegio inglés. Dos veces al año, en Navidad y en el verano, volvíamos a Noruega para visitar a mi abuela. Esta anciana, que yo supiera, era casi el único pariente vivo que teníamos en ambas ramas de la familia. Era la madre de mi madre y yo la adoraba. Cuando ella y yo estábamos juntos hablábamos indistintamente en noruego o en inglés. Los dos dominábamos por igual ambos idiomas. Tengo que admitir que yo me sentía más unido a ella que a mi madre.

Poco después de que yo cumpliera los siete años, mis padres me llevaron, como siempre, a pasar la Navidades con mi abuela en Noruega. Y allí fue donde, yendo mi padre, mi madre y yo por una carretera al norte de Oslo, con un tiempo helado, nuestro coche patinó y cayó dando vueltas por un barranco rocoso. Mis padres se mataron. Yo iba bien sujeto en el asiento de atrás y sólo recibí un corte en la frente.

No hablaré de los horrores de aquella espantosa tarde. Todavía me estremezco cuando pienso en ella. Yo acabé, como es natural, en casa de mi abuela, con sus brazos rodeándome y estrechándome, y los dos nos pasamos la noche entera llorando.

—¿Qué vamos a hacer ahora? —le pregunté entre lágrimas.

—Te quedarás aquí conmigo y yo te cuidaré —dijo ella.

—¿No voy a volver a Inglaterra?

—No —dijo ella—. Yo nunca podría hacer eso. Dios se llevará mi alma, pero Noruega conservará mis huesos.

Al día siguiente, para que los dos intentásemos olvidar nuestra gran tristeza, mi abuela se puso a contarme historias. Era una estupenda narradora y yo estaba fascinado por todo lo que me contaba. Pero no me excité de verdad hasta que sacó el tema de las brujas. Al parecer, era una gran experta en estos seres y dejó bien claro que sus historias de brujas, a diferencia de la mayoría de las que contaban otras personas, no eran cuentos imaginarios. Eran todos verdad. Eran la pura verdad. Eran historia auténtica. Todo lo que me contaba sobre brujas había sucedido realmente y más me valía creerlo. Y lo que era peor, lo que era mucho, mucho peor, era que las brujas aún estaban aquí. Estaban por todas partes y más me valía creerme eso también.

—¿*Realmente* me estás diciendo la verdad, abuela? ¿La verdad *verdadera*?

—Cariño mío —dijo—, no durarás mucho en este mundo si no sabes reconocer a una bruja cuando la veas.

—Pero tú me has dicho que las brujas parecen mujeres corrientes, abuela. Así que, ¿cómo puedo reconocerlas?

—Debes escucharme —dijo mi abuela—. Debes recordar todo lo que te diga. Luego, solamente puedes hacer la señal de la cruz sobre tu corazón, rezar y confiar en la suerte.

Estábamos en el cuarto de estar de su casa de Oslo y yo estaba preparado para irme a la cama. Las cortinas de esa casa nunca estaban echadas y, a través de las ventanas, yo veía enormes copos de nieve que caían lentamente sobre un mundo exterior tan negro como la pez. Mi abuela era terriblemente vieja, estaba muy arrugada y tenía un cuerpo enorme, envuelto en encaje gris. Estaba allí sentada, majestuosa, llenando cada centímetro de su sillón. Ni siquiera un ratón hubiera cabido a su lado. Yo, con mis siete años recién cumplidos, estaba acurrucado a sus pies, vestido con un pijama, una bata y zapatillas.

—¿Me juras que no me estás tomando el pelo? —insistía yo—. ¿Me juras que no estás fingiendo?

—Escucha —dijo ella—, he conocido por lo menos cinco niños que, sencillamente, desaparecieron de la faz de la tierra y nunca se les volvió a ver. Las brujas se los llevaron.

—Sigo pensando que sólo estás tratando de asustarme —dije yo.

—Estoy tratando de asegurarme de que a ti no te pase lo mismo —dijo—. Te quiero y deseo que te quedes conmigo.

—Cuéntame lo que les pasó a los niños que desaparecieron —dije.

Mi abuela era la única abuela que yo haya conocido que fumaba puros. Ahora encendió un puro largo y negro, que olía a goma quemada.

—La primera niña que yo conocía que desapareció fue Ranghild Hansen. Por entonces, Ranghild tenía unos ocho años y estaba jugando con su hermanita en el césped. Su madre, que estaba haciendo el pan en la cocina, salió a tomar un poco el aire y preguntó: «¿Dónde está Ranghild?» «Se fue con la señora alta», contestó la hermanita. «¿Qué señora alta?», dijo la madre. «La señora alta de los guantes blancos», dijo la hermanita. «Cogió a Ranghild de la mano y se la llevó.»

»—Nadie volvió a ver a Ranghild —añadió mi abuela.

—¿No la buscaron? —pregunté.

—La buscaron en muchos kilómetros a la redonda. Todos los habitantes del pueblo ayudaron en la búsqueda, pero nunca la encontraron.

—¿Qué les sucedió a los otros cuatro niños? —pregunté.

—Se esfumaron igual que Ranghild.

—¿Cómo, abuela? ¿Cómo se esfumaron?

—En todos los casos, alguien había visto a una señora extraña cerca de la casa, justo antes de que sucediera.

—Pero, ¿cómo desaparecieron?

—El segundo caso fue muy raro —dijo mi abuela—. Había una familia llamada Christiansen. Vivían en Holmenkollen y tenían un cuadro al óleo en el cuarto de estar, del cual estaban muy orgullosos. En el cuadro se veía a unos patos en el patio de una granja. No había ninguna persona en el cuadro, sólo una bandada de patos en un patio con hierba y la granja al fondo. Era un cuadro grande y bastante bonito. Bueno, pues un día, su hija Solveg vino del colegio comiendo una manzana. Dijo que una señora muy simpática se la había dado en la calle. A la mañana siguiente, la pequeña Solveg no estaba en su cama. Los padres la buscaron por todas partes, pero no pudieron encontrarla. Entonces, de repente, su padre gritó: «¡Allí está! ¡Esa es Solveg! ¡Está dando de comer a los patos!» Señalaba el cuadro y, efectivamente, Solveg estaba allí. Estaba de pie en el patio, con un cubo en la mano, echándoles pan a los patos. El padre corrió hasta el cuadro y la tocó. Pero eso no sirvió de nada. Simplemente formaba parte del cuadro, era sólo una imagen pintada en el lienzo.

—¿Tú viste alguna vez ese cuadro, abuela, con la niña?

—Muchas veces —dijo mi abuela—. Y lo curioso es que la pequeña Solveg cambiaba a menudo de posición dentro del cuadro. Un día estaba dentro de la granja y se veía su cara asomada a la ventana. Otro día, a la izquierda, sosteniendo un pato entre los brazos.

—¿La viste moviéndose dentro del cuadro, abuela?

—Nadie la vio moverse. Tanto si estaba fue-

ra, dando de comer a los patos, como si estaba dentro, mirando por la ventana, siempre estaba inmóvil, era sólo una figura pintada al óleo. Era todo muy raro —dijo mi abuela—. Rarísimo. Y lo más raro de todo era que, a medida que pasaban los años, ella se iba haciendo mayor en el cuadro. Al cabo de diez años, la niña se había convertido en una chica joven. Al cabo de treinta años, era una mujer madura. Luego, de repente, cincuenta y cuatro años después de lo sucedido, desapareció del cuadro para siempre.

—¿Quieres decir que se murió? —dije.

—¿Quién sabe? —dijo mi abuela—. En el mundo de las brujas pasan cosas muy misteriosas.

—Me has hablado de dos —dije—. ¿Qué le pasó al tercero?

—El tercero era la pequeña Birgit Svenson —dijo mi abuela—. Vivía justo enfrente de nosotros. Un día empezaron a salirle plumas por todo el cuerpo. Al cabo de un mes, se había convertido en una gallina grande y blanca. Sus padres la tuvieron en un corral en el jardín durante muchos años. Incluso ponía huevos.

—¿De qué color eran los huevos? —pregunté.

—Huevos morenos —dijo mi abuela—. Los huevos más grandes que he visto en mi vida. Su madre hacía tortillas con ellos. Y estaban deliciosas.

Me quedé mirando a la abuela, allí sentada como una reina antigua en su trono. Sus ojos eran grises y parecían mirar algo a muchos kilómetros de distancia. Su puro era la única cosa que parecía real en ese momento, y el humo que salía de él formaba nubes azules alrededor de su cabeza.

—Pero la niña que se volvió gallina ¿no desapareció? —dije.

—No, Birgit no. Siguió viviendo y poniendo huevos morenos durante muchos años.

—Tú dijiste que todos desaparecieron.

—Me equivoqué —dijo ella—. Me estoy haciendo vieja. No puedo recordarlo todo.

—¿Qué le pasó al cuarto niño? —pregunté.

—El cuarto era un chico que se llamaba Harald —dijo mi abuela—. Una mañana se le puso toda la piel de un tono gris amarillento. Luego se le volvió dura y rugosa, como una cáscara de nuez. Por la noche, el chico se había convertido en piedra.

—¿En piedra? —pregunté—. ¿Quieres decir en piedra de verdad?

—En granito —dijo ella—. Te llevaré a verle, si quieres. Todavía lo tienen en su casa. Está en el recibidor, es una pequeña estatua de piedra. Las visitas dejan sus paraguas apoyados en él.

Aunque yo era muy pequeño, no estaba dispuesto a creerme todo lo que me contara mi abuela. Sin embargo, hablaba con tanta convicción, con tan absoluta seriedad, sin una sonrisa en los labios ni un destello en la mirada, que yo me encontré empezando a dudar.

—Sigue, abuela —dije—. Me has dicho que hubo cinco en total. ¿Qué le pasó al último?

—¿Quieres dar una calada a mi puro? —dijo ella.

—Sólo tengo siete años, abuela.

—Me da igual la edad que tengas —dijo—. Nunca te cogerás un catarro si fumas puros.

—¿Qué le pasó al quinto, abuela?

—El quinto —dijo, mascando el extremo del puro como si fuera un delicioso espárrago— fue un caso muy interesante. Un niño de nueve años que se llamaba Leif estaba de veraneo con su familia en un fiordo, y toda la familia estaba nadando y tirándose desde las rocas en una de esas islitas que hay allí. El pequeño Leif se sumergió en el agua y su padre, que le estaba observando, notó que tardaba demasiado en salir. Cuando, por fin, salió a la superficie, ya no era Leif.

—¿Qué era, abuela?

—Era una marsopa.

—¡No! ¡No puede ser!

—Era una marsopa joven, muy bonita y la mar de cariñosa.

—Abuela —dije.

—¿Sí, rico mío?

—¿De verdad, de verdad se convirtió en una marsopa?

—Absolutamente de verdad —dijo ella—. Yo conocía muy bien a su madre. Ella me lo contó todo. Me contó que Leif, la Marsopa, se quedó con ellos toda la tarde y que llevó a sus hermanos y hermanas montados en su lomo y ellos lo pasaron estupendamente. Luego les saludó agitando una aleta y se alejó nadando, y nunca más lo volvieron a ver.

—Pero, abuela —dije—, ¿cómo supieron que la marsopa era Leif en realidad?

—El les habló —dijo mi abuela—. Rió y bromeó con ellos todo el rato que estuvo paseando a sus hermanos.

—Pero, ¿no se armó un jaleo espantoso cuando sucedió eso? —pregunté.

—No mucho —dijo mi abuela—. Recuerda que aquí, en Noruega, estamos acostumbrados a estas cosas. Hay brujas por todas partes. Es probable que haya una viviendo en nuestra calle en este mis-

mo momento. Bueno, es hora de que te vayas a la cama.

—No entrará una bruja por mi ventana durante la noche, ¿verdad? —pregunté, un poco tembloroso.

—No —dijo mi abuela—. Una bruja nunca haría la tontería de trepar por las cañerías y entrar en casa de alguien. Estarás completamente a salvo en tu cama. Vamos. Yo te arroparé.

Cómo reconocer a una bruja

La noche siguiente, después de bañarme, mi abuela me llevó otra vez al cuarto de estar para contarme otra historia.

—Esta noche —me dijo— voy a contarte cómo reconocer a una bruja cuando la veas.

—¿Se puede estar siempre seguro de reconocerla? —pregunté.

—No —dijo—, no se puede. Ese es el problema. Pero puedes acertar muchas veces.

Dejaba caer la ceniza del puro sobre su falda y yo confié en que no empezara a arder antes de contarme cómo reconocer a una bruja.

—En primer lugar —dijo—, una BRUJA DE VERDAD siempre llevará guantes cuando la veas.

—Seguramente no *siempre* —dije—. ¿También en verano, cuando hace calor?

—Hasta en verano —contestó—. No tiene más remedio. ¿Quieres saber por qué?

—¿Por qué?

—Porque no tiene uñas. En vez de uñas, tiene unas garras finas y curvas, como las de los gatos, y lleva los guantes para ocultarlas. Lo que pasa es que también muchas señoras respetables llevan guantes, sobre todo en invierno, así que eso no sirve de mucho.

—Mamá llevaba guantes.

—En casa, no —dijo la abuela—. Las brujas llevan guantes hasta en casa. Sólo se los quitan para acostarse.

—¿Cómo sabes todo eso, abuelita?

—No me interrumpas —dijo—. Entérate bien de todo. La segunda cosa que debes recordar es que las BRUJAS DE VERDAD son siempre calvas.

—*¿Calvas?* —dije.

—Calvas como un huevo duro —dijo la abuela.

Yo me quedé horrorizado. Había algo indecente en una mujer calva.

—¿Por qué son calvas, abuela?

—No me preguntes por qué —dijo ella, cortante—. Pero puedes creerme, en la cabeza de una bruja no crece ni un solo pelo.

—¡Qué horror!

—Asqueroso —dijo mi abuela.

—Si es calva, será fácil distinguirla.

—Nada de eso —dijo ella—. Una BRUJA DE VERDAD lleva siempre peluca para ocultar su calvicie. Lleva una peluca de primera calidad. Y resulta casi imposible diferenciar una peluca verdaderamente buena del pelo natural, a menos que le des un tirón para ver si te quedas con ella en la mano.

—Entonces eso es lo que tengo que hacer —dije.

—No seas tonto —dijo mi abuela—. No puedes ir por ahí tirándole del pelo a cada señora que encuentres, ni siquiera si lleva guantes. Tú inténtalo y ya verás lo que te sucede.

—Así que eso tampoco ayuda mucho —dije.

—Ninguna de estas cosas sirve de nada por sí misma —dijo ella—. Sólo cuando están todas juntas empiezan a tener algo de sentido. Sin embargo —continuó—, estas pelucas les causan un problema bastante serio a las brujas.

—¿Qué problema, abuela?

—Hacen que el cuero cabelludo les pique terriblemente —dijo—. Verás, cuando una actriz lleva una peluca, o si tú o yo llevásemos una peluca, nos la pondríamos sobre nuestro propio pelo, pero una bruja se la tiene que poner directamente sobre la cabeza pelada. Y la parte interior de una peluca siempre es muy áspera y rasposa. Les produce un picor espantoso y una irritación muy desagradable en la piel de la cabeza. Las brujas le llaman «erupción de peluca». Y pica rabiosamente.

—¿En qué otras cosas debo fijarme para reconocer a una bruja? —pregunté.

—Fíjate en los agujeros de la nariz —dijo mi abuela—. Las brujas tienen los agujeros en la nariz ligeramente más grandes que los de las personas normales. El borde de cada agujero es rosado y ondulado, como el borde de ciertas conchas de mar.

—¿Por qué tienen los agujeros de la nariz tan grandes? —pregunté.

—Para oler mejor —dijo mi abuela—. Una BRUJA DE VERDAD tiene un olfato realmente asombroso. Es capaz de oler a un niño que esté al otro lado de la calle, en una noche oscura como boca de lobo.

—A mí no podría olerme —dije—. Acabo de darme un baño.

—Vaya si podría —dijo mi abuela—. Cuanto más limpio estás, más olor tienes para una bruja.

—Eso no puede ser —dije.

—Un niño completamente limpio despide un hedor espantoso para una bruja —dijo mi abuela—. Cuanto más sucio estés, menos hueles.

—Pero eso no tiene sentido, abuela.

—Claro que sí —dijo ella—. No es la *suciedad* lo que huelen las brujas. Es a *ti*. El olor que enfurece a las brujas se desprende de tu propia piel.

Rezuma de tu piel en oleadas, y estas oleadas, oleadas fétidas es como las llaman las brujas, van flotando por el aire y le dan en plena nariz a la bruja. Y la hacen tambalearse.

—Venga ya, abuela, espera un momento...

—No interrumpas —dijo—. La cuestión es ésta. Cuando no te has lavado durante una semana y tu piel está totalmente cubierta de porquería, entonces, claro está, las oleadas fétidas que desprende tu piel no pueden ser tan fuertes.

—No volveré a bañarme nunca —dije.

—Basta con no hacerlo muy a menudo —dijo mi abuela—. Una vez al mes es suficiente para un niño sensato.

En momentos como éstos yo quería a mi abuela más que nunca.

—Abuela —dije—, en una noche oscura, ¿cómo puede una bruja oler la diferencia entre un niño y una persona mayor?

—Porque las personas mayores no despiden oleadas fétidas —dijo—. Sólo los niños apestan.

—Pero yo no despido oleadas fétidas *realmente,* ¿verdad que no? Yo no estoy apestando ahora mismo, ¿verdad que no?

—Para mí, no —dijo ella—. Para mí hueles a frambuesas con nata. Pero, para una bruja olerías absolutamente fatal.

—¿A qué olería? —pregunté.

—A caca de perro —dijo.

Yo me eché hacia atrás. Estaba aturdido.

—*¿Caca de perro?* —grité—. ¡Yo no huelo a caca de perro! ¡No te creo! ¡No te creeré!

—Más aún —dijo mi abuela, con cierto regodeo—, para una bruja olerías a caca de perro *fresca.*

—¡Eso no es cierto, simplemente! —grité—. Yo sé que no huelo a caca de perro, ¡ni rancia ni fresca!

—De nada sirve discutirlo —dijo mi abuela—. Es una realidad de la vida.

Yo estaba indignado. Sencillamente, no podía creer lo que mi abuela me estaba diciendo.

—Así que si ves a una mujer tapándose la nariz al cruzarse contigo en la calle —continuó—, esa mujer puede muy bien ser una bruja.

Decidí cambiar de tema.

—Dime en qué más cosas debo fijarme —dije.

—En los ojos —dijo ella—. Míralas cuidadosamente a los ojos, porque los ojos de una BRUJA DE VERDAD son diferentes de los tuyos y de los míos. Mírala en el centro de cada ojo, donde normalmente hay un puntito negro. Si es una bruja, el puntito negro cambiará de color, y verás fuego o verás hielo bailando justo en el centro de ese punto. Te darán escalofríos por todo el cuerpo.

Mi abuela se recostó en su sillón y chupó con satisfacción su maloliente puro negro. Yo estaba sentado en el suelo, mirándola fijamente, fascinado. Ella no sonreía. Estaba mortalmente seria.

—¿Hay más cosas? —pregunté.

—Claro que hay otras cosas. Parece que no comprendes que, en realidad, las brujas no son mujeres. *Parecen* mujeres. Hablan como las mujeres. Y pueden actuar como las mujeres. Pero, de hecho, son seres completamente diferentes. Son demonios con forma humana. Por eso tienen garras y las cabezas calvas y narices raras y ojos extraños, todo lo cual tienen que disimular lo mejor que pueden delante del resto del mundo.

—¿Qué más es diferente en ellas, abuela?

—Los pies —dijo—. Las brujas nunca tienen dedos en los pies.

—¿Que no tienen dedos? —grité—. Entonces, ¿qué tienen?

—Simplemente, tienen pies —dijo mi abuela—. Sus pies son cuadrados y sin dedos.

—¿Eso hace difícil andar?

—En absoluto —contestó ella—. Pero les crea problemas con los zapatos. A todas las señoras les gusta llevar zapatos pequeños y bastante puntiagudos, pero las brujas, que tienen los pies muy anchos y cuadrados en las puntas, lo pasan fatal estrujando sus pies para conseguir meterlos en esos zapatitos puntiagudos.

—¿Y por qué no llevan zapatos anchos y

cómodos, con las puntas cuadradas? —pregunté.

—No se atreven —contestó—. Lo mismo que tienen que esconder su calvicie con una peluca, también tienen que esconder sus horribles pies de bruja metiéndolos en unos zapatos bonitos.

—¿Y no es terriblemente incómodo? —dije.

—Extraordinariamente incómodo —dijo ella—. Pero tienen que aguantarse.

—Si llevan zapatos normales, eso no me servirá para reconocer a una bruja, ¿verdad, abuela?

—Me temo que no —dijo—. Quizá podrías notar que cojea ligeramente, pero sólo si estuvieses observándola atentamente.

—¿Son ésas las únicas diferencias, abuela?

—Hay una más —dijo ella—. Sólo una más.

—¿Cuál es, abuela?

—Su saliva es azul.

—¡Azul! —exclamé—. ¡No puede ser! ¡Su saliva no puede ser *azul*!

—Azul como el arándano.

—¡No lo dices en serio, abuela! ¡Nadie puede tener la saliva azul!

—Las brujas sí —dijo.

—¿Es como tinta? —pregunté.

—Exactamente —dijo—. Hasta la usan para escribir. Usan esas plumas antiguas que tienen plumín y no tienen más que lamer el plumín.

—¿Se puede *ver* la saliva azul, abuela? Si una bruja me hablara, ¿yo podría verla?

—Solamente si miraras con mucho cuidado —dijo mi abuela—. Si miraras con mucho cuidado, probablemente verías un ligero tono azulado en sus dientes. Pero no se nota mucho.

—Se vería si escupiera —dije.

—Las brujas nunca escupen —dijo ella—. No se atreven.

No podía creer que mi abuela me estuviese mintiendo. Ella iba a la iglesia todas las mañanas y rezaba antes de cada comida, y alguien que hacía eso nunca diría mentiras. Estaba empezando a creer todo lo que decía.

—Así que ya lo sabes —dijo mi abuela—. Eso es prácticamente todo lo que puedo decirte. Ninguna de esas cosas es muy útil. Nunca puedes estar absolutamente seguro de si una mujer es una bruja o no, sólo con mirarla. Pero si lleva guantes, si tiene los agujeros de la nariz grandes, los ojos extraños y su pelo tiene aspecto de ser una peluca, y si, además, sus dientes tienen un tono azulado... si tiene todas esas cosas, entonces, sal corriendo como un loco.

—Abuela —dije—, cuando tú eras pequeña, ¿viste alguna vez a una bruja?

—Una vez —dijo mi abuela—. Sólo una vez.

—¿Qué pasó?

—No te lo voy a contar —dijo—. Te daría un miedo horrible y tendrías pesadillas.

—Por favor, cuéntamelo —rogué.

—No —dijo ella—. Ciertas cosas son demasiado horribles para hablar de ellas.

—¿Tiene algo que ver con el pulgar que te falta? —pregunté.

De repente, sus labios arrugados se cerraron con fuerza y la mano que sostenía el puro (la mano a la que le faltaba el dedo pulgar) empezó a temblar muy levemente.

Esperé. Ella no me miró. No habló. De pronto se había encerrado en sí misma completamente. Se había terminado la conversación.

—Buenas noches, abuela —dije, levantándome del suelo y besándola en la mejilla.

No se movió. Salí despacito de la habitación y me fui a mi cuarto.

La Gran Bruja

Al día siguiente, vino a casa un hombre de traje negro, que llevaba un maletín, y mantuvo una larga conversación con mi abuela en el cuarto de estar. No me dejaron entrar mientras estuvo allí, pero cuando, al fin, se marchó, mi abuela se acercó a mí andando muy despacio y con una expresión muy triste.

—Ese hombre me ha leído el testamento de tu padre —dijo.

—¿Qué es un testamento? —le pregunté.

—Es una cosa que escribes antes de morir —dijo—. En él dices a quién dejas tu dinero y tus bienes. Y lo más importante de todo, dices quién debe cuidar a tu hijo, si el padre y la madre han muerto.

Me entró un pánico horrible.

—¿Decía que tú, abuela? —grité—. No tengo que irme con alguna otra persona, ¿verdad?

—No —dijo—. Tu padre no haría eso nunca. Me pide que cuide de ti mientras viva, pero también me pide que te lleve a tu propia casa en Inglaterra. Quiere que nos quedemos a vivir allí.

—Pero, ¿por qué? —dije—. ¿Por qué no podemos quedarnos en Noruega? ¡A ti te espantaría vivir en cualquier otro sitio! ¡Tú me lo has dicho!

—Sí, lo sé —dijo—. Pero hay un montón de

complicaciones con el dinero y con la casa que no podrías entender. Además, el testamento decía que aunque toda tu familia es noruega, tú has nacido en Inglaterra y has empezado a educarte allí y él quiere que sigas yendo a colegios ingleses.

—¡Oh, abuela! —grité—. ¡Tú no quieres irte a vivir a nuestra casa de Inglaterra! ¡Yo sé que no!

—Claro que no —dijo—. Pero me temo que tengo que hacerlo. El testamento dice que tu madre opinaba lo mismo, y es importante respetar la voluntad de los padres.

No había escapatoria. Teníamos que irnos a Inglaterra y mi abuela empezó a hacer los preparativos en seguida.

—Tu próximo trimestre escolar empieza dentro de unos días —dijo—, así que no tenemos tiempo que perder.

La noche antes de salir para Inglaterra, mi abuela volvió a sacar su tema preferido.

—En Inglaterra no hay tantas brujas como en Noruega —dijo.

—Estoy seguro de que no me encontraré a ninguna —dije.

—Sinceramente espero que no —dijo—, porque esas brujas inglesas son las más crueles del mundo entero.

Mientras ella estaba allí sentada, fumando su maloliente puro y charlando, yo no dejaba de mirarle la mano a la que le faltaba el pulgar. No podía remediarlo. Me fascinaba y no paraba de preguntarme qué cosas espantosas le habrían sucedido aquella vez en que se encontró a una bruja. Tenía que haber sido algo verdaderamente espeluznante y aterrador, porque, de lo contrario, me lo habría contado. Puede que la hubieran retorcido el pulgar hasta arrancárselo. O quizá le habían obligado a meter el dedo por el pitorro de una cafetera hirviendo hasta que se le coció. ¿O se lo arrancaron de la mano como se hace con una muela? No podía remediar el intentar adivinarlo.

—Dime qué hacen esas brujas inglesas, abuela.

—Bueno —dijo ella, chupando su apestoso puro—, su artimaña favorita es preparar unos polvos que convierten a un niño en algún bicho que todos los mayores odian.

—¿Qué clase de bicho, abuela?

—Muchas veces es una babosa —dijo ella—. Una babosa es uno de sus preferidos. Entonces los mayores pisan a la babosa y la espachurran sin saber que es un niño.

—¡Eso es absolutamente bestial! —exclamé.

—También puede ser una pulga —dijo mi abuela—. Pueden convertirte en una pulga y, sin darse cuenta de lo que pasa, tu madre echaría insecticida y adiós.

—Me estás poniendo nervioso, abuela. Creo que no quiero volver a Inglaterra.

—Sé de brujas inglesas —continuó ella— que han convertido a niños en faisanes y luego los han soltado en el bosque justo el día antes de que empezara la temporada de caza del faisán.

—¡Aug! —dije—. ¿Y les matan?

—Claro que les matan. Y luego les quitan las plumas y los asan y se los comen para cenar.

Me imaginé a mí mismo convertido en faisán, volando desesperadamente por encima de los hombres con escopetas, girando y bajando, mientras las escopetas disparaban.

—Sí —dijo mi abuela—, a las brujas inglesas les encanta contemplar a los mayores cargándose a sus propios niños.

—De verdad que no quiero ir a Inglaterra, abuela.

—Claro que no. Ni yo tampoco. Pero no tenemos más remedio.

—¿Las brujas son diferentes en cada país? —pregunté.

—Completamente distintas —contestó—. Pero no sé mucho sobre las de otros países.

—¿Ni siquiera sabes sobre las de Estados Unidos?

—No mucho —contestó—. Aunque he oído decir que allí las brujas son capaces de hacer que los mayores se coman a sus propios hijos.

—¡Nunca! —grité—. ¡Oh, no, abuela! ¡Eso no puede ser cierto!

—Yo no sé si es cierto o no —dijo ella—. Sólo es un rumor que he oído.

—Pero, ¿cómo es posible que les hagan comerse a sus propios hijos? —pregunté.

—Convirtiéndolos en perritos calientes. Eso no debe ser demasiado difícil para una bruja lista.

—¿Todos, todos los países tienen sus brujas? —pregunté.

—En cualquier sitio donde haya gente, hay brujas —dijo mi abuela—. Hay una Sociedad Secreta de las Brujas en cada país.

—¿Y se conocen todas, abuela?

—No. Una bruja sólo conoce a las brujas de su país. Está terminantemente prohibido comunicarse con las brujas extranjeras. Pero una bruja inglesa, por ejemplo, conoce a todas las demás brujas de Inglaterra. Todas son amigas. Se llaman por teléfono. Intercambian recetas mortales. Dios sabe de qué más hablan. No quiero ni pensarlo.

Yo estaba sentado en el suelo, observando a mi abuela. Dejó el puro en el cenicero y cruzó las manos sobre su estómago.

—Una vez al año —continuó—, las brujas de cada país por separado celebran una reunión secreta. Se reunen en un sitio para escuchar un discurso de La Gran Bruja del Mundo Entero.

—¿De *quién* —grité.

—Es la que las dirige a todas —dijo mi abuela—. Es todopoderosa. No tiene compasión. Todas las demás la tienen un pánico mortal. La ven sólo una vez al año en su Congreso Anual. Va allí a provocar emoción y entusiasmo y a dar órdenes. La Gran Bruja viaja de un país a otro para asistir a estos Congresos Anuales.

—¿Dónde tienen estas reuniones, abuela?

—Hay toda clase de rumores —contestó mi abuela—. He oído decir que reservan habitaciones en un hotel como cualquier otro grupo de mujeres que vayan a celebrar una reunión. También he oído decir que pasan cosas rarísimas en los hoteles donde se hospedan. Se rumorea que nunca duermen en las camas, que hay señales de quemaduras en las alfombras de las habitaciones, que se encuentran sapos en las bañeras, y que en la cocina, el cocinero se encontró una vez a un cocodrilo pequeñito nadando en la olla de la sopa.

Mi abuela volvió a coger su puro y dio otra chupada, inhalando el asqueroso humo hasta el fondo de los pulmones.

—¿Dónde vive La Gran Bruja cuando está en casa? —pregunté.

—Nadie lo sabe —dijo—. Si lo supiéramos, podríamos desarraigarla y destruirla. Los brujófilos del mundo entero se han pasado la vida tratando de descubrir el cuartel general secreto de La Gran Bruja.

—¿Qué es un brujófilo, abuela?

—Una persona que estudia a las brujas y sabe mucho sobre ellas —dijo mi abuela.

—¿Tú eres una brujófila, abuela?

—Soy una brujófila retirada —dijo—. Ya soy demasiado vieja para estar en activo. Pero cuan-

do era más joven, viajé por todo el mundo intentando seguir la pista de La Gran Bruja. Ni siquiera estuve cerca de conseguirlo.

—¿Es rica? —pregunté.

—Está nadando en dinero —dijo—. Corre el rumor de que tiene una máquina en su cuartel general exactamente igual a la máquina que usa el gobierno para imprimir los billetes que utilizamos. Después de todo, los billetes de banco sólo son pedazos de papel con dibujos y figuras especiales. Cualquiera que tenga la máquina y el papel adecuados puede hacerlos. Yo me imagino que La Gran Bruja hace todo el dinero que quiere y se lo reparte a las brujas de todas partes.

—¿Y cómo hace el dinero extranjero? —pregunté.

—Esas máquinas pueden hacer hasta dinero chino si quieres —dijo ella—. Es sólo cuestión de apretar el botón indicado.

—Pero, abuela —dije—, si nadie ha visto a La Gran Bruja, ¿cómo puedes estar tan segura de que existe?

Mi abuela me lanzó una mirada muy seria.

—Nadie ha visto nunca al diablo —dijo—, pero sabemos que existe.

A la mañana siguiente, zarpamos para Inglaterra y pronto estuve de nuevo en la vieja casa familiar en Kent, pero esta vez solamente estaba mi abuela para cuidarme. Luego empezó el segundo trimestre y yo iba al colegio todos los días y todo parecía haber vuelto a la normalidad.

Al final de nuestro jardín había un enorme castaño, y en lo alto, entre sus ramas, Timmy (mi mejor amigo) y yo habíamos empezado a construirnos una magnífica casita. Solamente podíamos trabajar en ella los fines de semana, pero avanzábamos bastante. Empezamos por el suelo, colocando unos tablones anchos entre dos ramas muy separadas y

clavándolos en ellas. Al cabo de un mes, habíamos terminado el suelo. Entonces pusimos una barandilla de madera todo alrededor y ya sólo nos quedaba hacer el tejado. El tejado era lo más difícil.

Un sábado por la tarde, cuando Timmy estaba en la cama con gripe, decidí empezar el tejado yo solo. Se estaba fenomenal allí arriba, a solas con las pálidas hojas nuevas, que estaban brotando todo a mi alrededor. Era como estar en una cueva verde. Y la altura lo hacía doblemente emocionante. Mi abuela me había dicho que, si me caía, me rompería una pierna y cada vez que miraba abajo, me recorría un escalofrío por la espalda.

Trabajé mucho, clavando el primer tablón del tejado. Luego, de repente, por el rabillo del ojo, vi a una mujer que estaba de pie justo debajo de mí. Me estaba mirando y sonreía de un modo muy extraño. Cuando la mayoría de la gente sonríe, sus labios se abren hacia los lados. Los de esta mujer se abrían hacia arriba y hacia abajo, enseñando todos los dientes de delante y las encías. Las encías parecían carne cruda.

Siempre es un choque descubrir que te están observando cuando crees que estás solo.

Y además, ¿qué hacía esta mujer en nuestro jardín?

Noté que llevaba un sombrerito negro y unos guantes negros que le llegaban hasta el codo.

¡Guantes! ¡Llevaba *guantes*!

Me quedé helado.

—Tengo un regalo para ti —dijo, mirándome fijamente, sonriendo aún y enseñando los dientes y las encías.

Yo no contesté.

—Baja del árbol, chiquillo —dijo—, y te daré el regalo más emocionante que has tenido en tu vida.

Su voz tenía un sonido metálico y raspante, como si tuviera la garganta llena de alfileres.

Sin apartar sus ojos de mi cara, metió muy despacio una mano enguantada en su bolso y sacó una pequeña serpiente verde. La sostuvo en alto para que yo la viera.

—Está domesticada —dijo.

La serpiente empezó a enroscarse en su brazo. Era de un verde brillante.

—Si bajas aquí, te la daré —dijo.

Oh, abuela, pensé, ¡ven a ayudarme!

Entonces me entró el pánico. Me puse a trepar por aquel enorme árbol como si fuera un mono. No me detuve hasta que llegué a lo más alto que podía, y me quedé allí, temblando de miedo. Ya no podía ver a la mujer. Entre ella y yo había muchas capas de ramas.

Me quedé allí arriba durante muchas horas y permanecí muy quieto. Empezó a oscurecer. Al fin, oí la voz de mi abuela, llamándome.

—Estoy aquí arriba —grité.

—¡Baja ahora mismo! —gritó ella—. Ya ha pasado la hora de cenar.

—¡Abuela! —grité—. ¿Se ha ido ya esa mujer?

—¿Qué mujer? —dijo.

—¡La mujer de los guantes negros!

Hubo un silencio abajo. Era el silencio de alguien que está demasiado aturdido para poder hablar.

—¡Abuela! —grité otra vez—. *¿Se ha ido?*

—Sí —contestó mi abuela al fin—. Se ha ido. Yo estoy aquí, cariño. Yo te protegeré. Baja ahora.

Bajé. Estaba temblando. Mi abuela me abrazó.

—He visto una bruja —dije.

—Vamos dentro —dijo—. Conmigo estarás bien.

Me llevó a casa y me dio una taza de cacao con muchísimo azúcar.

—Cuéntamelo todo —dijo.

Se lo conté.

Cuando terminé, era mi abuela la que estaba temblando. Su cara estaba del color de la ceniza y la vi echar una ojeada a su mano sin pulgar.

—Ya sabes lo que esto significa —dijo—. Quiere decir que hay una de ellas en nuestro distrito. De ahora en adelante no voy a dejarte ir solo al colegio.

—¿Crees que puede haberla tomado conmigo en particular? —pregunté.

—No —dijo—. Lo dudo. Para esos seres un niño es igual a otro.

No es muy sorprendente que después de aquello yo me convirtiera en un niño muy consciente de las brujas. Si por casualidad me encontraba solo en la carretera y veía acercarse a una mujer que llevaba guantes, cruzaba rápidamente al otro lado. Y como el tiempo fue bastante frío durante todo ese mes, casi *todas* llevaban guantes. Sin embargo, curiosamente, nunca volví a ver a la mujer de la serpiente verde.

Esa fue mi primera bruja. Pero no fue la última.

Vacaciones de verano

Llegaron las vacaciones de Semana Santa y pasaron, y comenzó al último trimestre del colegio. Mi abuela y yo habíamos planeado pasar las vacaciones en Noruega y casi no hablábamos de otra cosa por las noches. Ella había reservado un camarote para cada uno, en el barco que iba de Newcastle a Oslo, para la fecha más inmediata posible después de que yo acabara el colegio, y desde Oslo me iba a llevar a un sitio que ella conocía en la costa sur, cerca de Arendal, donde ella había pasado sus vacaciones de verano cuando era pequeña, hacía casi ochenta años.

—Mi hermano y yo estábamos todo el día en el bote de remos. Toda la costa está salpicada de diminutas islitas en las que no hay nadie. Las explorábamos y nos lanzábamos al mar desde las suaves rocas de granito, y a veces, cuando íbamos hacia allá, echábamos el ancla y pescábamos bacalao y merlán. Si cogíamos algo, hacíamos un fuego en la isla y freíamos el pescado en una sartén para comer. No hay pescado más rico en el mundo que el bacalao absolutamente fresco.

—¿Qué usabais como cebo, abuela, cuando ibais de pesca?

—Mejillones —dijo—. Todo el mundo usa mejillones como cebo en Noruega. Y si no pescábamos nada, hervíamos los mejillones en una olla y nos los comíamos.

—¿Estaban buenos?

—Deliciosos —dijo—. Los cocíamos en agua de mar y quedaban tiernos y salados.

—¿Qué más hacíais, abuela?

—Remábamos mar adentro y saludábamos con la mano a los pescadores de gambas que volvían a casa, y ellos nos daban un puñado de gambas a cada uno. Las gambas estaban aún tibias, recién cocidas, y nos sentábamos en el bote, pelándolas y devorándolas. La cabeza era lo más rico.

—¿La cabeza?

—Aprietas la cabeza entre los dientes y chupas lo de dentro. Está riquísimo. Tú y yo haremos todas esas cosas este verano, cielo —dijo.

—Abuela, no puedo esperar. Sencillamente, no puedo esperar más para ir allí.

—Ni yo —dijo ella.

Cuando sólo faltaban tres semanas para el final de curso, sucedió algo espantoso. Mi abuela cogió una pulmonía. Se puso muy enferma, y una enfermera diplomada vino a nuestra casa para cuidarla. El médico me explicó que la pulmonía, generalmente, no es una enfermedad grave hoy en día, pero cuando una persona tiene más de ochenta años, como mi abuela, entonces sí que es muy grave. Dijo que ni siquiera se atrevía a trasladarla a un hospital en ese estado, así que la dejaron en su habitación y yo paseaba por delante de la puerta, viendo cómo le entraban bombonas de oxígeno y otras cosas horribles.

—¿Puedo entrar a verla? —pregunté.

—No, guapo —dijo la enfermera—. Por ahora, no.

La señora Spring, una mujer gorda y alegre, que venía a limpiar todos los días, se instaló también en casa. La señora Spring se ocupaba de mí y me hacía las comidas. Me caía muy bien, pero no se podía comparar con mi abuela para contar historias.

Una noche, unos diez días después, el médico vino a decirme:

—Ya puedes entrar a verla, pero sólo un ratito. Ha preguntado por ti.

Subí las escaleras volando, entré en el cuarto de mi abuela como un ciclón y me arrojé en sus brazos.

—Eh, eh —dijo la enfermera—. Ten cuidado.

—¿Vas a estar bien ya, abuela? —pregunté.

—Ya ha pasado lo peor —dijo ella—. Pronto me levantaré.

—¿Sí? —le dije a la enfermera.

—Claro que sí —contestó, sonriendo—. Nos dijo que no tenía más remedio que ponerse buena porque tenía que ocuparse de ti.

Le di otro abrazo a la abuela.

—No me dejan fumar un puro —dijo ella—. Pero ya verás cuando se vayan.

—Es un pájaro duro de roer —dijo la enfermera—. Dentro de una semana estará levantada.

La enfermera tenía razón. Antes de una semana, mi abuela estaba moviéndose por la casa con su bastón de puño de oro, y metiéndose con los guisos de la señora Spring.

—Le agradezco muchísimo todo lo que nos ha ayudado, señora Spring —le dijo—, pero ya puede usted marcharse a su casa.

—No, señora, no puedo. El médico me dijo que me encargara de que usted descansara durante los próximos días.

El médico dijo algo más. Fue como si hubiera dejado caer una bomba sobre la abuela y sobre mí, cuando nos dijo que, bajo ningún concepto, debíamos correr el riesgo de viajar a Noruega ese verano.

—¡Bobadas! —gritó la abuela—. ¡Le he prometido que iríamos!

—Es demasiado lejos —dijo el médico—. Sería muy peligroso. Pero le diré lo que sí puede usted hacer. Puede llevarse a su nieto a un buen hotel de la costa sur de Inglaterra. El aire de mar es exactamente lo que usted necesita.

—¡Oh, no! —dije.

—¿Quieres que tu abuela se muera? —me preguntó el médico.

—¡Nunca! —dije.

—Entonces no la dejes hacer un viaje largo este verano. Todavía no está lo bastante fuerte para eso. Y no le permitas fumar esos asquerosos puros negros.

Al final, el médico se salió con la suya respecto a las vacaciones, pero no respecto a los puros. Reservamos habitaciones en un lugar llamado Hotel Magnífico, en Bournemouth, la famosa ciudad de verano. Bournemouth, me dijo mi abuela, estaba lleno de viejos como ella. Se iban allí a miles, cuando se retiraban, porque el aire era tan sano y vigorizante que, eso creían ellos, les mantenía vivos unos años más.

—¿Y es así? —pregunté.

—Claro que no —dijo ella—. Es una tontería. Pero, por una vez, creo que debemos obedecer al médico.

Poco después, la abuela y yo tomamos el tren a Bournemouth y nos instalamos en el hotel Magnífico. Era un enorme edificio blanco en primera línea de playa y me pareció un sitio aburridísimo para pasar el verano. Yo tenía mi propia habitación, pero había una puerta que comunicaba con la de mi abuela, así que podíamos visitarnos sin salir al pasillo.

Justo antes de irnos a Bournemouth, mi abuela me había regalado, como premio de consolación, dos ratones blancos en una cajita y, naturalmente, me los llevé al hotel. Eran divertidísimos, los ratones aquellos. Les llamé Guiller y Mary y me puse en seguida a enseñarles trucos. El primer truco que les enseñé fue a subir por dentro de la manga de mi chaqueta y salir por mi cuello. Luego les enseñé a trepar por mi cogote hasta lo alto de mi cabeza. Lo conseguía poniéndome migas en el pelo.

La primera mañana después de nuestra llegada al hotel, la camarera estaba haciendo mi cama cuando uno de mis ratones asomó la cabeza por entre las sábanas. La camarera lanzó un chillido que hizo venir corriendo a una docena de personas para ver a quién estaban matando. Informaron al director del hotel. Y, a continuación, hubo una desagradable escena entre el director, mi abuela y yo, en el despacho de éste.

El director, cuyo nombre era señor Stringer, era un hombre con el pelo tieso y vestido con un frac negro.

—No puedo permitir ratones en mi hotel, señora —le dijo a mi abuela.

—¿Cómo se atreve a decir eso cuando su asqueroso hotel está lleno de ratas? —gritó ella.

—¡Ratas! —chilló el señor Stringer, poniéndose morado—. ¡En este hotel no hay ratas!

—He visto una esta misma mañana —dijo mi abuela—. Iba corriendo por el pasillo y entró en la cocina.

—¡Eso no es verdad! —gritó el señor Stringer.

—Más vale que llame usted al desratizador en seguida —dijo ella—, antes de que yo informe a las autoridades de Sanidad. Sospecho que hay ratas correteando por toda la cocina y robando la comida de las estanterías y saltando en el puchero de la sopa.

—¡Nunca! —aulló el señor Stringer.

—No me extraña que esta mañana la tostada de mi desayuno estuviera roída por los bordes —continuó mi abuela, implacable—. No me extraña que tuviera un desagradable olor ratonil. Si no tiene usted cuidado, los de Sanidad van a ordenarle que cierre todo el hotel antes de que todo el mundo coja fiebres tifoideas.

—No hablará usted en serio, señora —dijo el señor Stringer.

—No he hablado más en serio en mi vida —dijo mi abuela—. ¿Va usted a permitir que mi nieto tenga sus ratoncitos blancos en su cuarto o no?

El director comprendió que estaba derrotado.

—¿Puedo proponer un compromiso, señora?

—dijo—. Le permitiré tenerlos en su cuarto siempre que no los deje salir nunca de la caja. ¿De acuerdo?

—Eso nos parece muy bien —dijo mi abuela, se levantó y salió de la habitación mientras yo la seguía.

No hay manera de amaestrar a unos ratones dentro de una caja. Sin embargo, no me atrevía a dejarles salir, porque la camarera me espiaba continuamente. Tenía llave de mi puerta y no hacía más que entrar de repente a todas horas, tratando de pillarme con los ratones fuera de la caja. Me dijo que al primer ratón que no cumpliera las normas, el portero lo ahogaría en un cubo.

Decidí buscar un lugar más seguro donde pudiera continuar amaestrándolos. Debía de haber alguna habitación vacía en aquel enorme hotel. Me metí un ratón en cada bolsillo de los pantalones y bajé las escaleras en busca de un lugar secreto.

La planta baja del hotel era un laberinto de salones, todos con un nombre en letras doradas sobre la puerta. Pasé por «La Antesala», «El Salón de Fumadores», «El Salón de Juego», «El Salón de Lectura» y «La Sala». Ninguno de ellos estaba vacío. Seguí por un pasillo largo y ancho y al final me encontré con «El Salón de Baile». Tenía unas puertas dobles y delante de ellas había un gran cartel sobre un caballete. El cartel decía:

CONGRESO DE LA RSPCN

PROHIBIDA LA ENTRADA

ESTE SALON ESTA RESERVADO
PARA EL
CONGRESO ANUAL
DE
LA REAL SOCIEDAD
PARA LA PREVENCION
DE LA CRUELDAD CON LOS NIÑOS

Las dobles puertas del salón estaban abiertas. Me asomé. Era un salón inmenso. Había filas y filas de sillas de cara a una tarima. Las sillas estaban pintadas en dorado y tenían pequeños cojines rojos en los asientos. Pero no había ni un alma a la vista.

Me colé cautelosamente en el salón. Era un lugar precioso, secreto y silencioso. El congreso de la Real Sociedad para la Prevención de la Crueldad con los Niños debía de haberse celebrado más temprano y ya todos se habían ido. Aunque no fuera así, aunque aparecieran todos de pronto, tenían que ser gente maravillosamente amable, que mirarían con aprecio a un joven domador de ratones dedicado a su trabajo.

En la parte de atrás del salón había un gran biombo plegable con dragones chinos pintados. Decidí, solamente para estar seguro, ponerme detrás del biombo y hacer allí el entrenamiento. La gente de la Prevención de la Crueldad con los Niños no me daba ni pizca de miedo, pero había una posibilidad de que al señor Stringer, el director, se le ocurriera asomar la cabeza por allí. Si lo hacía y veía a los ratones, los pobrecitos acabarían en el cubo del portero antes de que yo hubiera podido gritar no.

Me dirigí de puntillas al fondo del salón y me instalé sobre la gruesa alfombra verde, detrás del biombo. ¡Qué sitio tan sensacional! ¡Ideal para amaestrar ratones! Saqué a Guiller y a Mary de mis bolsillos. Se sentaron a mi lado en la alfombra, tranquilos y correctos.

El truco que iba a enseñarles hoy era el de andar en la cuerda floja. No es tan difícil enseñar a un ratón inteligente a andar sobre la cuerda floja como un experto, siempre y cuando sepas exactamente cómo hay que hacerlo. Primero, hay que tener un trozo de cuerda. Yo lo tenía. Luego, hay que tener un poco de bizcocho bueno. La comida favorita de los ratones blancos es un buen bizcocho con pasas. Se vuelven locos por él. Yo había traído un bizcocho que me había guardado en el bolsillo el día anterior, cuando estaba merendando con mi abuela.

Así es como se hace. Sostienes la cuerda tirante entre las dos manos, pero empiezas poniéndola muy corta, sólo de unos siete centímetros. Te pones al ratón en la mano derecha y un pedacito de bizcocho en la mano izquierda. Por lo tanto, el ratón está solamente a siete centímetros del bizcocho. Puede verlo y olerlo. Sus bigotes se estremecen por la excitación. Casi puede alcanzar el bizcocho inclinándose hacia delante, pero no llega del todo. Unicamente tiene que dar dos pasitos para alcanzar su sabroso manjar. Se aventura hacia delante, una patita en la cuerda, después la otra. Si el ratón tiene un buen sentido del equilibrio, y la mayoría lo tienen, cruzará fácilmente. Empecé con Guiller. Caminó por la cuerda sin un instante de vacilación.

Le dejé dar un mordisquito del bizcocho para estimular su apetito. Luego le volví a poner en mi mano derecha.

Esta vez alargué la cuerda. La puse de unos catorce centímetros. Guiller supo lo que tenía que hacer. Con un excelente equilibrio, recorrió la cuerda paso a paso hasta que llegó al bizcocho. Le recompensé con otro mordisquito.

Muy pronto, Guiller caminaba por una cuerda floja (o mejor dicho, un cordel flojo) de sesenta centímetros de largo, de una mano a la otra, para alcanzar su bizcocho. Era fantástico observarle. El estaba disfrutando una barbaridad. Yo tenía cuidado de sostener la cuerda cerca de la alfombra para que, si perdía el equilibrio, no se hiciera daño al caer. Pero nunca se cayó. Evidentemente, Guiller era un acróbata natural, un gran ratón acrobático.

Ahora le tocaba a Mary. Dejé a Guiller en la alfombra, a mi lado, y le premié con unas cuantas migas más y una pasa. Luego empecé a seguir el mismo procedimiento con Mary. Mi ciega ambición, ¿sabes?, el sueño de toda mi vida, era llegar a ser algún día el propietario de un Circo de Ratones Blancos. Tendría un pequeño escenario con un telón rojo, y cuando se descorriera el telón, el público vería a mis mundialmente famosos ratones amaestrados haciendo toda clase de cosas: andando por la cuerda floja, lanzándose desde un trapecio, dando volteretas en el aire, saltando sobre un trampolín y todo lo demás. Tendría ratones blancos montados en ratas blancas, mientras éstas galopaban furiosamente dando vueltas a la pista. Estaba empezando a imaginarme viajando en primera clase por el mundo entero con mi Famoso Circo de Ratones Blancos, y actuando ante todas las cabezas coronadas en Europa.

El entrenamiento de Mary estaba a medias cuando, de repente, oí voces fuera de la puerta del

Salón de Baile. El sonido se hacía más fuerte, crecía en un gran parloteo de palabras provenientes de muchas gargantas. Reconocí la voz del espantoso director del hotel.

¡Socorro!, pensé.

Menos mal que estaba el enorme biombo.

Me agaché detrás y miré por la rendija entre dos hojas del biombo. Podía ver a lo ancho y a lo largo del salón sin que nadie me viera a mí.

—Bien, señoras, estoy seguro de que se encontrarán ustedes muy cómodas aquí —decía la voz del señor Stringer.

Entonces entró por las dobles puertas, con su frac negro y los brazos extendidos, guiando a un gran rebaño de señoras.

—Si hay algo que podamos hacer por ustedes, no vacilen en avisarme —continuó—. El té se les servirá en la Terraza Soleada, cuando hayan terminado su reunión.

Con esas palabras, se inclinó y se retiró del salón, mientras iba entrando una enorme manada de señoras pertenecientes a la Real Sociedad para la Prevención de la Crueldad con los Niños. Llevaban vestidos bonitos y todas tenían un sombrero en la cabeza.

El congreso

Ahora que el director se había ido, yo no estaba particularmente alarmado. ¿Qué mejor situación que la de estar encerrado en una habitación llena de estas estupendas señoras? Si llegaba a hablar con ellas, incluso podría sugerirles que vinieran a mi colegio para hacer un poco de prevención de la crueldad con los niños. No nos vendrían nada mal allí.

Entraron hablando sin parar. Empezaron a hacer corrillos y a elegir asientos y se oían muchas frases del tipo de:

—Ven a sentarte a mi lado, querida Millie.

—¡Oh, hoola, Beatriz! ¡No te he visto desde el último congreso! ¡Qué vestido tan precioso llevas!

Decidí quedarme donde estaba y dejarlas celebrar su congreso, mientras yo seguía amaestrando a mis ratones, pero las observé un rato más por la rendija del biombo, esperando a que se aposentasen. ¿Cuántas habría? Calculé que unas doscientas. Las filas de atrás fueron las primeras en llenarse. Todas parecían querer sentarse lo más lejos posible de la tarima.

En el centro de la última fila, había una señora con un diminuto sombrero verde, que no dejaba de rascarse la nuca. No podía parar. Me fascinaba el modo en que sus dedos rascaban continuamente el pelo de la nuca. Si ella hubiera sabido que alguien la estaba observando desde atrás, estoy seguro de que se hubiera sentido azarada. Pensé si tendría caspa. De repente, noté que la señora que estaba a su lado ¡estaba haciendo lo mismo!

¡Y la siguiente!

¡Y la otra!

Lo hacían *todas*. ¡Se rascaban como locas el pelo de la nuca!

¿Tendrían pulgas en el pelo?

Era más probable que fueran piojos.

Un chico de mi colegio, que se llama Ashton, había tenido piojos el trimestre anterior y la directora le obligó a meter toda la cabeza en aguarrás. Desde luego, eso mató a todos los piojos, pero por poco no mata a Ashton también. La mitad de la piel se le desprendió del cráneo.

Estas rascadoras compulsivas empezaron a fascinarme. Siempre es divertido pillar a alguien haciendo algo grosero cuando cree que nadie le ve. Meterse el dedo en la nariz, por ejemplo, o rascarse el culo. Rascarse la cabeza es casi tan feo como eso, especialmente si se hace sin parar.

Decidí que debían de ser piojos.

Entonces ocurrió lo más asombroso. Vi a una señora metiendo los dedos *por debajo* de su cabellera, y el pelo, *toda la cabellera,* se levantó en una pieza, y la mano se deslizó por debajo y continuó rascando.

¡Llevaba peluca! ¡También llevaba guantes! Miré rápidamente al resto de las mujeres, que ya estaban sentadas. *¡Todas y cada una de ellas llevaba guantes!*

La sangre se heló en mis venas. Me puse a temblar de pies a cabeza. Miré desesperadamente a mi espalda en busca de una puerta trasera por la cual escapar. No había ninguna.

¿Me convenía dar un salto y echar a correr hacia las puertas dobles?

Las puertas dobles ya estaban cerradas y vi a una mujer de pie delante de ellas. Estaba inclinada hacia delante, sujetando una especie de cadena metálica que rodeaba los dos picaportes.

No te muevas, me dije. Nadie te ha visto todavía. No hay ninguna razón para que nadie venga a mirar detrás del biombo. Pero un solo movimiento en falso, una tos, un estornudo, un soplido, el más mínimo ruido de cualquier clase y te atrapará no una bruja, ¡sino doscientas!

En ese momento, creo que me desmayé. Todo aquel asunto era demasiado para un niño. Pero creo que no estuve inconsciente más de unos segundos, y cuando volví en mí, estaba tumbado en el suelo y, gracias a Dios, seguía estando detrás del biombo. Había un silencio absoluto a mi alrededor.

Temblorosamente, me puse de rodillas y miré otra vez por la rendija del biombo.

Achicharrada

Ahora todas las mujeres, o mejor dicho, las brujas, estaban inmóviles en sus sillas, mirando fijamente, como hipnotizadas, a alguien que había aparecido de pronto en la tarima. Era otra mujer.

Lo primero que noté en ella era su tamaño. Era diminuta, probablemente no mediría más de un metro treinta centímetros. Parecía bastante joven, supuse que tendría unos veinticinco o veintiséis años, y era muy guapa. Llevaba un vestido negro muy elegante con falda larga hasta el suelo y guantes negros que le llegaban hasta los codos. A diferencia de las otras, no llevaba sombrero.

A mí no me parecía que tuviera aspecto de bruja en absoluto, pero era imposible que no lo fuera, porque, de lo contrario, ¿qué demonios estaba haciendo subida en la tarima? ¿Y por qué estaban todas las demás brujas contemplándola con tal mezcla de adoración y temor?

Muy despacio, la joven de la tarima levantó las manos hacia su cara. Vi que sus dedos enguantados desenganchaban algo detrás de las orejas y luego... ¡luego se pellizcó las mejillas y se quitó la cara de golpe! ¡Aquella bonita cara se quedó entera en sus manos!

¡Era una máscara!

Al quitarse la máscara, se volvió hacia un

lado y la colocó cuidadosamente en una mesita que tenía cerca, y cuando volvió a ponerse de frente a la sala, me faltó poco para dar un chillido.

Su cara era la cosa más horrible y aterradora que he visto nunca. Sólo mirarla me producía temblores. Estaba tan arrugada, tan encogida y tan marchita que parecía que la hubieran conservado en vinagre. Era una visión estremecedora y espeluznante. Había algo pavoroso en aquella cara, algo putrefacto y repulsivo. Literalmente, parecía que se

estaba pudriendo por los bordes, y en el centro, en las mejillas y alrededor de la boca, vi la piel ulcerada y corroída, como si se la estuvieran comiendo los gusanos.

Hay veces en las que algo es tan espantoso que te fascina y no puedes apartar la vista de ello. Eso me pasó a mí en ese momento. Me quedé traspuesto, alelado. Estaba hipnotizado por el absoluto horror de las facciones de aquella mujer. Pero no era eso sólo. Había una mirada de serpiente en sus ojos, que relampagueaban mientras recorrían la sala.

En seguida comprendí, naturalmente, que ésta no era otra que La Gran Bruja en persona. También comprendí por qué llevaba una máscara. Jamás hubiera podido aparecer en público, y mucho menos hospedarse en un hotel, con su verdadera cara. Todo el que la hubiese visto, habría salido corriendo, dando alaridos.

—¡Las puerrtas! —gritó La Gran Bruja, con una voz que llenó la sala y retumbó en las paredes—. ¿Habéis echado el cerrogo o la cadena?

—Hemos echado el cerrojo y la cadena, Vuestra Grandeza —contestó una voz en la sala.

Los relucientes ojos de serpiente, hundidos en aquella espantosa cara corrompida, fulminaban, sin pestañear, a las brujas que estaban sentadas frente a ella.

—¡Podéis quitarros los guantes! —gritó.

Noté que su voz tenía el mismo tono duro y metálico que la de la bruja a la que vi debajo del castaño, sólo que era mucho más fuerte y mucho, mucho más áspera. Raspaba. Chirriaba. Chillaba. Gruñía. Refunfuñaba.

Todo el mundo en la sala empezó a sacarse los guantes. Yo me fijé en las manos de las que estaban en la última fila. Quería ver cómo eran sus dedos y si mi abuela tenía razón. ¡Ah!... ¡Sí!... ¡Ahora veía varias manos! ¡Veía las garras oscuras curvándose sobre las yemas de los dedos! ¡Aquellas garras medirían unos cinco centímetros y eran afiladas en la punta!

—¡Podéis quitarros los sapatos! —ladró La Gran Bruja.

Oí un suspiro de alivio proviniente de todas las brujas de la sala, cuando se quitaron sus estrechos zapatos de tacón alto, y entonces eché una ojeada por debajo de las sillas y vi varios pares de pies con medias... completamente cuadrados y carentes de dedos. Eran repugnantes, como si les hubieran rebanado los dedos con un cuchillo de cocina.

—¡Podéis quitarros las pelucas! —gruñó La Gran Bruja.

Tenía una forma peculiar de hablar. Era una especie de acento extranjero, algo áspero y gutural, y al parecer, tenía dificultad para pronunciar algunas letras. Hacía una cosa rara con la r. La hacía rodar en la boca como si fuera un pedazo de corteza caliente y luego la escupía.

—¡Quitarros las pelucas parra que les dé el airre a vuestrros irrritados cuerros cabelludos! —gritó.

Y otro suspiro de alivio surgió de la sala, mientras todas las manos se levantaban hacia las cabezas para retirar todas las pelucas (con los sombreros todavía encima).

Ante mí había ahora fila tras fila de cráneos femeninos calvos, un mar de cabezas desnudas, todos enrojecidos e irritados debido al roce del forro de las pelucas. No puedo explicaros lo horrorosas que eran y, de algún modo, la visión era aún más grotesca por el hecho de que debajo de aquellas espantosas cabezas calvas, los cuerpos iban vestidos con ropa bonita y a la moda. Era monstruoso. Era antinatural.

Oh, Dios mío, pensé. ¡Socorro! ¡Oh, Señor, ten compasión de mí! ¡Esas repugnantes mujeres calvas son asesinas de niños, todas y cada una de ellas, y aquí estoy yo apresado en la misma habitación y sin poder escapar!

En ese momento, me asaltó una nueva idea, doblemente horrible. Mi abuela había dicho que,

con sus agujeros de la nariz especiales, ellas podían oler a un niño en una noche oscura desde el otro lado de la calle. Hasta ahora, mi abuela había acertado en todo. Por lo tanto, parecía seguro que una de las brujas de la última fila iba a empezar a olfatearme de un momento a otro, y entonces el grito «¡Caca de perro!» se extendería por toda la sala y yo estaría acorralado como una rata.

Me arrodillé en la alfombra, detrás del biombo, sin atreverme ni a respirar.

Luego, de pronto, recordé otra cosa muy importante que me había dicho mi abuela: «Cuanto más sucio estés, más difícil es que una bruja te encuentre por el olor.»

¿Cuánto tiempo hacía que no me bañaba?

Hacía siglos. Tenía mi propia habitación en el hotel, y mi abuela nunca se preocupaba de esas tonterías. Ahora que lo pensaba, creo que no me había bañado desde que llegamos.

¿Cuándo fue la última vez en que me había lavado la cara y las manos?

Desde luego, esta mañana no.

Ni ayer tampoco.

Me miré las manos. Estaban cubiertas de churretes, de barro y Dios sabe de qué otras cosas.

Quizá tenía alguna posibilidad después de todo. Las oleadas fétidas no podrían atravesar toda esa porquería.

—¡Brugas de Inclaterrra! —gritó La Gran Bruja.

Observé que ella no se había quitado la peluca, ni los guantes, ni los zapatos.

—¡Brugas de Inclaterrra! —chilló.

El público se removió inquieto y se sentaron más erguidas en sus sillas.

—¡Miserrrables brugas! —chilló—. ¡Inútiles y vagas brugas! ¡Flogas y perrresosas brugas! ¡Sois una pandilla de gusanos harraganes que no valen parrra nada!

Un estremecimiento recorrió al público. Era evidente que La Gran Bruja estaba de mal humor y ellas lo comprendieron. Yo presentí que iba a ocurrir algo espantoso.

—Estoy desayunando esta mañana —gritó La Gran Bruja— y estoy mirrrando por la ventana a la playa, ¿y qué veo? Os prregunto *¿qué veo?* ¡Veo una vista rrrepulsiva! ¡Veo cientos, veo *miles* de rrrepugnantes niños gugando en la arrena! ¡Esto me da náuseas, me dega sin comerr! *¿Porr qué no los habéis eliminado?* —aulló—. ¿Porr qué no habéis borrrado a todos estos asquerrrosos y malolientes niños?

Con cada palabra, le salían disparadas de la boca gotitas de saliva azul, cual perdigones.

—¡Os estoy prreguntando *porrr qué*! —aulló.

Nadie le contestó.

—¡Los niños huelen! —chilló—. ¡Apestan! ¡No querrremos niños en la tierrra!

Todas las cabezas calvas asintieron vigorosamente.

—¡Un niño porrr semana no me sirrve! —gritó La Gran Bruja—. ¿Es eso todo lo que podéis hacerr?

—Haremos más —murmuró el público—. Haremos mucho más.

—¡Más tampoco sirrve! —vociferó La Gran Bruja—. ¡Exigo rrresultados máximos! ¡Porr lo tanto, aquí están mis órrrdenes! ¡Mis órrrdenes son que todos y cada uno de los niños de este país sean borrrados, espachurrrados, estrrugados, y achicharrrados antes de que yo vuelva aquí dentrro de un año! ¿Está bien clarrro?

El público lanzó una exclamación contenida. Vi que todas las brujas se miraban entre sí con expresión preocupada. Y oí que una bruja que estaba sentada al final de la primera fila decía en alto:

—¡*Todos* ellos! ¡No podemos barrerlos a *todos* ellos!

La Gran Bruja se volvió violentamente, como si alguien la hubiera clavado un pincho en el trasero.

—¿Quién digo eso? —chilló—. ¿Quién se atrreve a discutirr conmigo? Fuiste tú, ¿no?

Señaló con un dedo enguantado, tan afilado como una aguja, a la bruja que había hablado.

—¡No quise decir eso, Vuestra Grandeza! —gritó la bruja—. ¡No era mi intención discutir! ¡Sólo estaba hablando para mí misma!

—¡Te atrreviste a discutirr conmigo! —chilló La Gran Bruja.

—¡Sólo hablaba para mí misma! —gritó la desgraciada bruja—. ¡Lo juro, Alteza!

Se puso a temblar de miedo.

La Gran Bruja dio un paso adelante y cuando habló de nuevo, lo hizo con una voz que me heló la sangre.

—Una bruga que así me contesta
debe arrderr de los pies a la testa,

chilló.

—¡No, no! —suplicó la bruja de la primera fila. La Gran Bruja continuó:

—Una bruga con tan poco seso
debe arrderr hasta el último hueso.

—¡Perdonadme! —gritó la desgraciada bruja de la primera fila. La Gran Bruja no le hizo el menor caso. Habló de nuevo:

—Una bruga tan boba, tan boba
arrderrá como un palo de escoba.

—¡Perdonadme, oh Alteza! —gritó la desdichada culpable—. ¡No quise hacerlo!

Pero La Gran Bruja continuó su terrible recitación:

—Una bruga que dice que yerrro
morrirrá, morrirrá como un perrro.

Un momento después, de los ojos de La Gran Bruja salió disparado un chorro de chispas, que parecían limaduras de metal candente, y volaron di-

rectamente hacia la bruja que se había atrevido a responder. Yo vi cómo las chispas la golpeaban y penetraban en su carne y la oí lanzar un horrible alarido. Una nube de humo la envolvió y un olor a carne quemada llenó la sala.

Nadie se movió. Igual que yo, todas miraban la humareda, y cuando ésta se disipó, la silla estaba vacía. Vislumbré algo blanquecino, como una nubecilla, elevándose en el aire y desapareciendo por la ventana.

El público dio un gran suspiro.

La Gran Bruja recorrió la sala con una mirada fulminante.

—Esperrro que nadie más me enfurresca hoy —comentó.

Hubo un silencio mortal.

—Achicharrada como un churrasco. Cocida como una sanahorria —dijo La Gran Bruja—. Nunca volverrréis a verrla. Ahorra podemos dedicarrnos a los asuntos imporrtantes.

Fórmula 86. Ratonizador de Acción Retardada

—¡Los niños son rrrepulsivos! —gritó La Gran Bruja—. ¡Nos desharremos de ellos! ¡Los borrrarremos de la fas de la tierrra! ¡Los echarremos por los desagües!

—¡Sí, sí! —entonó el público—. ¡Deshacernos de ellos! ¡Borrarlos de la faz de la tierra! ¡Echarlos por el desagüe!

—¡Los niños son asquerrosos y rrrepugnantes! —vociferó La Gran Bruja.

—¡Sí, sí! —corearon las brujas inglesas—. ¡Son asquerosos y repugnantes!

—¡Los niños son sucios y apestosos! —chilló La Gran Bruja.

—¡Sucios y apestosos! —gritaron ellas, cada vez más excitadas.

—¡Los niños huelen a *caca de perrro*! —chirrió La Gran Bruja.

—¡Buuuuu! —gritó el público—. ¡Buuuuu! ¡Buuuuu! ¡Buuuuu!

—¡Peor que la caca de perrro! —chirrió La Gran Bruja—. ¡La caca de perrro huele a violetas y a rrrosas comparrada con los niños!

—¡Violetas y rosas! —canturreó el público. Aplaudían y vitoreaban casi cada palabra pronunciada desde la tarima. La oradora las tenía completamente fascinadas.

—¡Hablarr de los niños me da ganas de vomitarr! —chilló La Gran Bruja—. ¡Sólo *pensarr* en ellos me da ganas de vomitarr! ¡Trraedme una palangana!

La Gran Bruja hizo una pausa y lanzó una mirada feroz a la masa de caras ansiosas. Ellas esperaban más.

—Así que ahorra... —ladró La Gran Bruja—. ¡Ahorra tengo un plan! ¡Tengo un plan guigantesco para librrarrnos de todos los niños de Inclaterra!

Las brujas emitieron sonidos entrecortados y boquearon. Se miraron entre sí y se dedicaron vampíricas sonrisas de emoción.

—¡Sí! —vociferó La Gran Bruja—. Les vamos a darr de garrotasos y de latigasos y vamos a hacerr desaparrrecerr a todos esos malolientes enanos de Inclaterrra, ¡de un golpe!

—¡Yuupii! —gritaron las brujas, aplaudiendo—. ¡Sois genial, oh, Grandeza! ¡Sois fantabulosa!

—¡Callarros y escuchad! —gritó La Gran Bruja—. ¡Escuchad con mucha atención y que no haya malentendidos!

El público se inclinó hacia adelante, ansiosas por saber cómo se iba a realizar este prodigio.

—Todas y cada una de vosotrras —tronó La Gran Bruja— tiene que volverr a su ciudad inmediatamente y rrenunciarr a su trrabajo. ¡Dimitid! ¡Rrretirraos!

—¡Sí! —gritaron—. ¡Lo haremos! ¡Renunciaremos a nuestros trabajos!

—Y después de que hayáis degado vuestrros puestos —continuó La Gran Bruja—, cada una de vosotrras saldrrá a comprrarr...

Hizo una pausa.

—¿A comprar qué? —gritaron—. Decidnos, oh genio, ¿qué debemos comprar?

—¡Confiterrías! —gritó La Gran Bruja.

—¡Confiterías! ¡Vamos a comprar confiterías! ¡Qué truco tan brillante!

—Cada una de vosotrras se comprrarrá una confiterría. Comprrarréis las megorres y más rrrespetables confiterrías de Inclaterra.

—¡Sí! ¡Sí! —le contestaron.

Sus horrorosas voces eran como un coro de tornos de dentistas taladrando todos juntos.

—No quierro confiterrías de trres al cuarrto, de esas pequeñitas y abarrrotadas, que venden tabaco y perriódicos —gritó La Gran Bruja—. Quierro que comprréis sólo las megorres tiendas, llenas hasta arrriba con pilas y pilas de deliciosos carramelos y exquisitos bombones.

—¡Las mejores! —gritaron—. ¡Compraremos las mejores confiterías de cada ciudad!

—No tendrréis dificultad en conseguirr lo que querréis —gritó la Gran Bruja— porrque ofrrecerréis cuatrro veces más de lo que valen y nadie rrrechasa esa oferrta. El dinerro no es prroblema parra nosotrras las brugas, como ya sabéis. Me he trraído seis baúles llenos de billetes nuevecitos y crrugientes. Y todos —añadió con una risita siniestra—, todos hechos en casa.

Las brujas del público sonrieron, apreciando la broma.

En ese momento, una estúpida bruja se puso tan excitada ante las posibilidades que ofrecía el ser propietaria de una confitería que se levantó de un salto y gritó:

—¡Los niños vendrán a mi tienda como borregos y yo les daré caramelos y bombones envenenados y morirán como cucarachas!

La sala se quedó silenciosa de pronto. Yo vi que el diminuto cuerpo de La Gran Bruja se ponía rígido de rabia.

—¿Quién ha dicho eso? —aulló—. ¡Has sido *tú*! ¡La de allí!

La culpable volvió a sentarse rápidamente y se tapó la cara con sus manos como garras.

—¡Tú, rrrematada imbécil! —chirrió La Gran Bruja—. ¡Tú, espantago sin seso! ¿No te das cuenta de que si vas porr ahí envenenando niños, te coguerrán a los cinco minutos? ¡Nunca en mi vida he oído semegante chorrrada sugerrida porr una bruga!

Todas las demás brujas se echaron a temblar. Estoy seguro de que pensaron, como yo, que las terribles chispas candentes iban a empezar a volar otra vez.

Curiosamente, no fue así.

—Si semegante tonterría es lo único que se os ocurrre —tronó La Gran Bruja—, no me extraña que Inclaterra siga estando infestada de asquerrosos chiquillos.

Hubo otro silencio. La Gran Bruja miró con ferocidad a su público.

—¿No sabéis —les gritó— que las brugas sólo trrabagamos con maguia?

—Lo sabemos, Vuestra Grandeza —contestaron todas—. ¡Por supuesto que lo sabemos!

La Gran Bruja se frotó las huesudas manos enguantadas y gritó:

—¡Así que cada una de vosotrras serrá prropietarria de una magnífica confiterría! ¡El siguiente paso es que cada una anunciarrá en el escaparrate de su tienda que en cierrta fecha serrá la Grran Inaugurración y habrrá carramelos y bombones grratis parra todos los niños!

—¡Acudirán como moscas, esos brutos glotones! —gritaron las brujas—. ¡Se pegarán por entrar!

—Luego —continuó La Gran Bruja—, os prreparrarréis parra la Grran Inaugurración poniendo en todos los carramelos, bombones y pasteles de vuestrras tiendas ¡mi última y más grrandiosa fórrmula máguica! ¡Se llama FORRMULA 86. RRATONISADORR DE ACCION RRETARRDADA!

—¡Ratonizador de Acción Retardada! —corearon todas—. ¡Ha vuelto a conseguirlo! ¡Su Grandeza ha confeccionado otro de sus maravillosos niñicidas! ¿Cómo se prepara, oh Genial Maestra?

—Eguerrcitad la paciencia —respondió La Gran Bruja—. Primero, voy a explicarros cómo funciona mi Fórrmula 86. Rratonisadorr de Acción Rretarrdada. ¡Escuchad con atención!

—¡Os escuchamos! —vocearon las otras, que ahora estaban saltando en sus sillas, de pura excitación.

—El Rratonisadorr de Acción Rretarrdada es un líquido verrde —explicó La Gran Bruja— y con una sola gotita en cada carramelo o bombón serrá suficiente. Esto es lo que sucede:

»El niño come un bombón que contiene Rratonisadorr de Acción Rretarrdada...

»El niño se va a su casa encontrrándose bien...

»El niño se acuesta, encontrrándose bien aún...

»El niño se levanta porr la mañana, y sigue estando bien...

»El niño se marcha al coleguio, y todavía está normal...

»La fórrmula, ¿comprrendéis?, es de *acción rretarrdada*, y todavía no le hace efecto.

—¡Comprendemos, oh Talentuda! —gritaron las otras—. Pero, ¿cuándo empieza a hacer efecto?

—¡Empiesa a hacerr efecto a las nueve en punto, cuando el niño está llegando al coleguio! —gritó La Gran Bruja, triunfante—. El niño llega al coleguio. El Rratonisadorr de Acción Rretarrdada empieza a hacerr efecto rrápidamente. El niño comiensa a encoguerrse. Comiensa a salirrle pelo porr el cuerrpo. Comiensa a crrecerrle un rrabo. Todo esto sucede en veintiséis segundos exactamente. Después de veintiséis segundos, el niño ya no es un niño. ¡Es un rratón!

—¡Un ratón! —gritaron las brujas—. ¡Qué idea tan fantabulosa!

—¡Las clases serrán un herrviderro de rratones! ¡Rreinarrá el caos en todos los coleguios de Inclaterra! ¡Los prrofesorres se pondrrán a darr brrincos! ¡Las prrofesorras se subirrán a los pupitrres levantándose las faldas y chillando «Socorrro, socorrro, socorrro»!

—¡Sí! ¡Sí! ¡Sí! —vociferaron las otras.

—¿Y qué sucederrá a continuación en todos los coleguios? —gritó La Gran Bruja.

—¡Decídnoslo! —clamaron—. ¡Decídnoslo, oh Talentuda!

La Gran Bruja estiró su escuálido cuello y sonrió a su público, mostrando dos hileras de dientes puntiagudos y ligeramente azulados. Alzó aún más la voz y gritó:

—¡*Aparrecen las rrratonerras!*

—¡Ratoneras! —exclamaron las brujas.

—¡Y el queso! —gritó La Gran Bruja—. ¡Todos los prrofesorres corrren de acá parra allá

comprrando rrratonerras, poniéndoles el queso y colocándolas porr todas parrtes! ¡Los rratones morrdisquean el queso! ¡Los muelles saltan! ¡Porr todo el coleguio, las rrratonerras hacen *clac* y las cabesas de los rrratones rrruedan porr el suelo como canicas! ¡En toda Inclaterrra, en todos los coleguios de Inclaterrra, se oirrá el chasquido de las rrratonerras!

Al llegar a este punto, la horrenda Gran Bruja empezó a bailar una especie de danza brujeril de un lado a otro de la tarima, golpeando el suelo con los pies y dando palmas. Todo el público acompañó las palmas y el pateo. Armaban un estruendo tan grande que yo pensé que, seguramente, el señor Stringer lo oiría y vendría a llamar a la puerta. Pero no fue así.

Entonces, por encima del ruido, oí a La Gran Bruja cantando a voz en cuello una perversa canción:

¡A los niños hay que destrruirr,
herrvirr sus huesos y su piel frreírr!
¡Desmenuzadlos y trriturradlos,
estrrugadlos y machacadlos!
Con polvos máguicos dadles bombones,
decidles «come» a los muy glotones.

Llenadles bien de dulces prringosos
y de pasteles empalagosos.
Al día siguiente, tontos, tontuelas,
irrán los niños a sus escuelas.
Se pone rroga cual amapola
una niñita: «¡Me sale cola!».
Un niño pone carra de lelo
y grrita: «¡Auxilio, me sale pelo!».
Y otrro berrea al poco rrato:
«¡Tengo bigotes como de gato!».
Un niño alto dice guimiendo:
«¡Cielos, ¿qué pasa?, estoy encoguiendo!».
Todos los niños y las niñitas
en vez de brrasos tienen patitas,
y de rrepente, en un instante,
sólo hay rratones, ningún infante.
En los coleguios sólo hay rratones
corrreteando por los rrincones.
Enloquecidos, los prrofesorres
grritan: «¿Por qué hay tantos rroedorres?».
A los pupitrres suben ansiosos
y chillan: «¡Fuerra, bichos odiosos!».
«¡Que alguien traiga una rratonerra!».
«¡Trraed el queso de la queserra!».
Las rratonerras tienen un muelle fuerrte
que salta y que suena a muerrte,
y su sonido es tan musical…
¡Es una música celestial!

Rratones muerrtos porr todas parrtes
grracias a nuestrras perrverrsas arrtes.
Los prrofes buscan con grran carriño,
perro no encuentrran un solo niño.
Grritan a corrro: «¿Adónde han ido
todos los niños, qué ha sucedido?».
«Es en verdad un extraño caso,
¿dónde se ha visto tanto rretrraso?».
Los prrofes ya no saben qué hacerr,
algunos se sientan a leerr,
y otros echan a la basurra
a los rratones con grran prremurra

¡MIENTRRAS LAS BRUGAS GRRITAMOS HURRRA!

La receta

Espero que no hayáis olvidado que, mientras sucedía todo esto, yo seguía escondido detrás del biombo, a gatas y con un ojo pegado a la rendija. No sé cuánto tiempo llevaba allí, pero me parecía que eran siglos. Lo peor era no poder toser ni hacer el menor ruido, y saber que, si lo hacía, podía darme por muerto. Y durante todo el rato, estaba en permanente terror de que una de las brujas de la última fila percibiera mi presencia por el olor, gracias a esos agujeros de la nariz tan especiales que tenían.

Mi única esperanza, según yo lo veía, era el hecho de no haberme lavado desde hacía varios días. Eso y la interminable excitación, aplausos y griterío que reinaba en la sala. Las brujas sólo pensaban en La Gran Bruja y en su gran plan para eliminar a todos los niños de Inglaterra. Ciertamente, no estaban olfateando el rastro de un niño en aquel salón. Ni en sueños (si es que las brujas sueñan) se les hubiera ocurrido esa posibilidad a ninguna de ellas. Me quedé quieto y recé.

La Gran Bruja había terminado su perversa canción y el público estaba aplaudiendo enloquecido y gritando:

—¡Magnífica! ¡Sensacional! ¡Maravillosa! ¡Sois un genio, oh, Talentuda! ¡Es un invento extraordinario, este Ratonizador de Acción Retardada!

¡Es un éxito! ¡Y lo más hermoso es que serán los profesores quienes se carguen a los apestosos críos! ¡No seremos nosotras! ¡Nunca nos cogerán!

—¡A las brugas nunca las coguen! —dijo La Gran Bruja, cortante—. ¡Atención ahorra! Quierro que todo el mundo prreste atención, ¡porrque estoy a punto de decirros lo que tenéis que hacerr parra prreparrarr la Fórrmula 86 Rratonisadorr de Acción Rretarrdada!

De pronto, se oyó una exclamación, seguida de un alboroto de chillidos y gritos, y vi a muchas de las brujas levantarse de un brinco y señalar a la tarima, gritando:

—¡Ratones! ¡Ratones! ¡Ratones! ¡Lo ha hecho como demostración! ¡La Talentuda ha convertido a dos niños en ratones y ahí están!

Miré hacia la tarima. Allí estaban los ratones, efectivamente. Eran dos y estaban correteando cerca de las faldas de La Gran Bruja.

Pero no eran ratones de campo, ni ratones de casa. ¡Eran *ratones blancos*! Los reconocí inmediatamente. ¡Eran mis pobrecitos Guiller y Mary!

—¡Ratones! —gritaron las brujas—. ¡Nuestra jefa ha hecho aparecer ratones de la nada! ¡Traed ratoneras! ¡Traed queso!

Vi a La Gran Bruja mirando fijamente al suelo y observando, con evidente desconcierto, a Guiller y Mary. Se agachó para verlos más de cerca. Luego se enderezó y gritó:

—¡Silencio!

El público se calló y volvió a sentarse.

—¡Estos rratones no tienen nada que verr conmigo! —dijo—. ¡Estos rrratones son rrratones domesticados! ¡Es evidente que estos rrratones perrtenecen a algún rrrepelente crrío del hotel! ¡Serrá un chico con toda seguridad, porrque las niñas no tienen rrratones domesticados!

—¡Un chico! —gritaron las otras—. ¡Un

chico asqueroso y maloliente! ¡Le destrozaremos! ¡Le haremos pedazos! ¡Nos comeremos sus tripas de desayuno!

—¡Silencio! —gritó La Gran Bruja, levantando las manos—. ¡Sabéis perrfectamente que no debéis hacerr nada que llame la atención sobrre vosotrras mientrras estéis viviendo en el hotel! Deshagámonos de ese apestoso enano, perro con mucho cuidado y discrreción, porrque, ¿acaso no somos todas rrres-petabilíísimas damas de la Real Sociedad para la Prrevención de la Crrueldad con los Niños?

—¿Qué proponéis, oh Talentuda? —gritaron las demás—. ¿Cómo debemos eliminar a ese pequeño montón de mierda?

Están hablando de mí, pensé. Estas mujeres están hablando de cómo matarme. Empecé a sudar.

—Sea quien sea, no tiene imporrtancia —anunció La Gran Bruja—. Degádmelo a mí. Yo le encontrrarré porr el olorr y le convertirré en una trrucha y harré que me lo sirrvan para cenarr.

—¡Bravo! —exclamaron las brujas—. ¡Córtale la cabeza y la cola y fríelo en aceite bien caliente!

Podéis imaginar que nada de esto me hizo sentirme muy tranquilo.

Guiller y Mary seguían correteando por la tarima y vi a La Gran Bruja apuntar una veloz patada a Guiller. Le dio justo con la punta del pie y lo envió volando por los aires. Luego hizo lo mismo con Mary. Tenía una puntería extraordinaria. Hubiera sido un gran futbolista. Los dos ratones se estrellaron contra la pared, y durante unos momentos se quedaron atontados. Luego reaccionaron y huyeron.

—¡Atención otrra vez! —gritó La Gran Bruja—. ¡Ahorra os voy a darr la rrreceta parra prreparrarr la Fórrmula 86. Rratónisadorr de Acción Rretarrdada! Sacad papel y lápis.

Todas las brujas de la sala abrieron los bolsos y sacaron cuadernos y lápices.

—¡Dadnos la receta, oh Talentuda! —gritaron, impacientes—. Decidnos el secreto.

—Prrimerro —dijo La Gran Bruja— tuve que encontrrar algo que hicierra que los niños se volvierran muy pequeños muy rrrápidamente.

—¿Y qué fue? —gritaron.

—Esa parrte fue fácil —contestó—. Lo úni

co que hay que hacerr si quierres que un niño se vuelva muy pequeño es mirrarrle por un telescopio puesto del rrevés.

—¡Es asombrosa! —gritaron las brujas—. ¿A quién se le habría ocurrido una cosa así?

—Porr lo tanto —continuó La Gran Bruja—, cogéis un telescopio del rrevés y lo cocéis hasta que esté blando.

—¿Cuánto tarda? —le preguntaron.

—Veintiuna horras de cocción —contestó—. Y mientrras está hirrviendo, cogéis cuarrenta y cinco rratones parrdos exactamente y les corrtáis el rrrabo con un cuchillo de cocina y frreís los rrrabos en aceite parra el pelo hasta que estén crruguientes.

—¿Qué hacemos con todos esos ratones a los que les hemos cortado el rabo? —preguntaron.

—Los cocéis al vaporr en gugo de rrrana durante una horra —fue la respuesta—. Perro escuchadme bien. Hasta ahorra sólo os he dado la parrte

fácil de la rrreceta. El prroblema más difícil es ponerr algo que tenga un efecto verrdaderramente rretarrdado, algo que los niños puedan tomarr un día determminado, perro que no empiece a funcionarr hasta las nueve de la mañana siguiente, cuando lleguen al coleguio.

—¿Qué se os ocurrió, oh, Talentuda? —gritaron—. ¡Decidnos el gran secreto!

—El secrreto —anunció La Gran Bruja, triunfante— ¡es un *desperrtadorr*!

—¡Un despertador! —gritaron—. ¡Es una idea genial!

—Naturralmente —dijo La Gran Bruja—. Se puede ponerr hoy un desperrtadorr a las nueve y mañana sonarrá exactamente a esa horra.

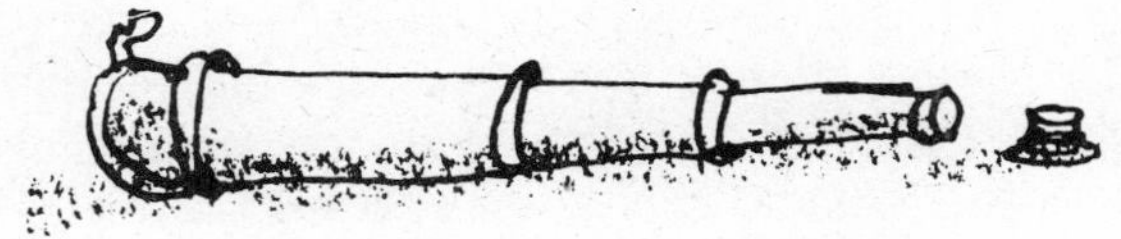

—¡Pero necesitaremos cinco millones de despertadores! —gritaron las brujas—. ¡Necesitaremos uno para cada niño!

—¡Idiotas! —vociferó La Gran Bruja—. ¡Si quierres un filete no frríes toda la vaca! Pasa lo mismo con los desperrtadorres. Un desperrtadorr serrvirrá parra mil niños. Esto es lo que tenéis que hacerr. Ponéis el desperrtadorr parra que suene a las nueve de la mañana. Luego lo asais en el horrno hasta que esté tierrno y crruguiente. ¿Lo estáis anotando todo?

—¿Sí, Vuestra Grandeza, sí! —dijeron a coro.

—Luego —dijo La Gran Bruja—, cogéis el telescopio herrvido, los rrrabos de rrratón frritos, los rrratones cocidos y el desperrtadorr asado y los ponéis todos juntos en la batidorra. Entonces los batís a toda velocidad. Os quedarrá una pasta espesa. Mientrras la batidorra está funcionando, debéis añadirr a la mescla la yema de un huevo de págarro grruñón.

—¡Un huevo de pájaro gruñón! —exclamarón—. ¡Así lo haremos!

Por debajo del bullicio oí que una bruja de la última fila le decía a su vecina:

—Yo estoy ya un poco vieja para ir a buscar nidos. Esos pájaros gruñones siempre anidan en sitios muy altos.

—Así que añadís el huevo —continuó la Gran Bruja— y además los siguientes ingrredientes, uno detrrás de otrro: la garra de un cascacangrregos, el pico de un chismorrerro, la trrompa de un espu-

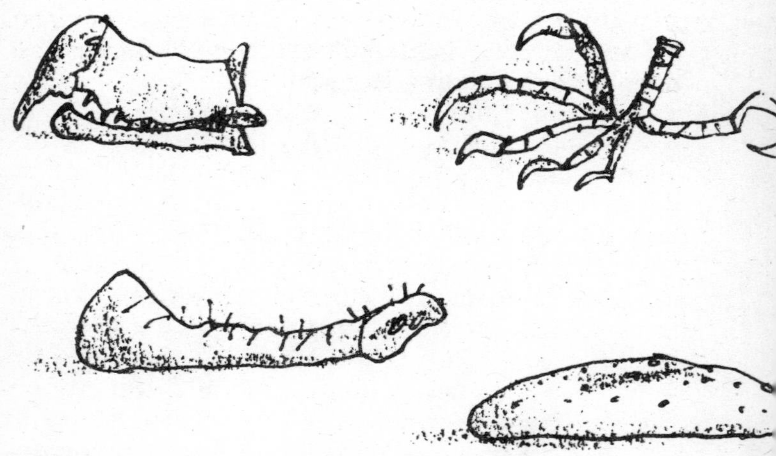

rrreadorr, y la lengua de un saltagatos. Espero que no tengais prroblemas parra encontrrarrlos.

—¡Ninguno, en absoluto! —gritaron—. ¡Alcanzaremos al chismorrero, atraparemos al cascacangrejos, cazaremos con escopeta al espurreador y pillaremos al saltagatos en su madriguera!

—¡Magnífico! —dijo La Gran Bruja—. Cuando hayáis mesclado todo bien en la batidorra, tendrréis un prrecioso líquido verrde. Poned una gota, solamente una gotita de este líquido, en un bombón o un carramelo y, *a las nueve en punto de la mañana siguiente,* ¡el niño que se lo comió se converrtirrá en un rratón en veintiséis segundos! Perro os harré una adverrtencia. No aumentad nunca la dosis. No ponerr nunca más de una gota en cada carramelo o bombón. Y no dad nunca más de un carramelo o bombón a cada niño. Una sobrredosis del Rratonisadorr de Acción Rrretardada estropearía el mecanismo del desperrtadorr y harría que el niño se convirrtierra en un rrratón demasiado prronto. Una grran sobrredosis podrría incluso tenerr un efecto instantáneo, y eso no os gustarría, ¿verrdad? No querréis que los niños se convierrtan en rrratones allí mismo, en vuestrras confiterrías. Entonces se descubrrirría todo. Así que, ¡tened mucho cuidado! ¡No os paséis en la dosis!

Bruno desaparece

La Gran Bruja continuó hablando.

—Ahorra voy a demostrrarros que esta rrreceta funciona a la perrfección. Ya sabéis que, naturralmente, el desperrtadorr se puede ponerr a cualquierr horra que se quierra. No *tiene* que serr a las nueve. Así que, ayerr, yo prreparro perrsonalmente una pequeña cantidad de la fórrmula máguica parra hacerros una demostrración pública. Perro hago un pequeño cambio en la rrreceta. Antes de asarr el desperrtadorr lo pongo parra que suene, no a las nueve de la mañana siguiente, sino a las trres y media de la tarrde siguiente. Es decirr, a las trres y media de *esta* tarrde. Dentrro de —miró el reloj— ¡siete minutos exactamente!

Las brujas escuchaban atentamente, presintiendo que algo tremendo iba a suceder.

—¿Y qué hago yo ayerr con este líquido máguico? —preguntó La Gran Bruja—. Os dirré lo que hago. Pongo una gotita en una chocolatina muy derrretida y le doy la chocolatina a un rrrepulsivo niño que andaba porr el vestíbulo del hotel.

La Gran Bruja hizo una pausa. El público permaneció en silencio, esperando que continuara.

—Contemplé a esta rrepulsiva bestia devorrando la chocolatina y, cuando terrminó, le digue «¿Estaba bueno?». El contestó que estaba buenísimo. Así que le digue «¿Quierres más?». Y él digo que sí. Entonces yo digue «Te darré otrras *seis* chocolatinas como ésta, si te rreúnes conmigo en el Salón de Baile de este hotel mañana porr la tarrde, a las trres y veinticinco». «¡Seis chocolatinas!», gritó el vorraz cerrdito, «¡Allí estarré! ¡Segurro que estarré!».

—¡Así que todo está prreparrado! —continuó La Gran Bruja—. ¡La demostración está a punto de empesarr! No olvidéis que antes de asarr el desperrtadorr ayerr, lo pongo parra las trres y media de hoy. Ahorra son —volvió a mirar su reloj— las trres y veinticinco exactamente y el monstrruito pestilente, que se converrtirrá en un rrratón dentrro de cinco minutos, debe de estarr en este momento delante de esas puerrtas.

Y, por todos los diablos, tenía toda la razón. El chico, fuera quien fuera, estaba ya dándole al picaporte y golpeando la puerta con el puño.

—¡Rrápido! —chilló La Gran Bruja—. ¡Ponerros las pelucas! ¡Ponerros los guantes! ¡Ponerros los sapatos!

Hubo un gran alboroto en la sala, mientras las brujas se ponían las pelucas, los guantes y los zapatos, y vi que La Gran Bruja cogía su máscara y se la colocaba sobre su horrenda cara. Era asombroso cómo la transformaba la máscara. De pronto, se convirtió otra vez en una chica bastante guapa.

—¡Déjeme entrar! —se oyó la voz del chico al otro lado de las puertas—. ¿Dónde están las chocolatinas que me prometió? ¡He venida a buscarlas! ¡Démelas!

—No sólo es maloliente —dijo La Gran Bruja—, además es glotón. ¡Quitad las cadenas de la puerrta y degadle entrrarr!

Lo extraordinario de la máscara era que los labios se movían de una forma natural cuando ella hablaba. Realmente no se notaba nada que era una máscara.

Una de las brujas se levantó de un salto y quitó las cadenas. Abrió las dos enormes puertas. La oí que decía:

—Hola, chiquillo. Me alegro de verte. Has venido por tus chocolatinas, ¿no? Te están esperando. Pasa.

Entró un niño que llevaba una camiseta blanca, unos pantalones cortos grises y zapatillas deportivas. Le reconocí en seguida. Se llamaba Bruno Jenkins y se hospedaba en el hotel con sus padres. No me caía bien. Era uno de esos chicos que siempre que te lo encuentras está comiendo algo. Te lo encuentras en el vestíbulo y se está forrando de bizcocho. Te cruzas con él en el pasillo y está sacando patatas fritas de una bolsa a puñados. Le ves en el jardín y está devorando una chocolatina blanca y otras dos le asoman por el bolsillo del pantalón. Y encima, Bruno no paraba de presumir de que su padre ganaba más dinero que el mío y de que tenían tres coches. Pero lo peor de todo era que ayer por la mañana le había encontrado de rodillas en la terraza del hotel, con una lupa en la mano. Había una columna de hormigas atravesando las losetas y Bruno Jenkins estaba concentrando el sol a través de su lupa y abrasando a las hormigas una por una.

—Me gusta verlas quemarse —dijo.

—¡Es horrible! —grité—. ¡Deja de hacerlo!

—A ver si te atreves a impedírmelo —dijo él.

En ese momento yo le empujé con todas mis fuerzas y él se cayó de lado sobre las losetas. La lupa se hizo pedazos y Bruno se levantó de un salto, chillando:

—¡Mi padre te lo hará pagar caro!

Luego salió corriendo, probablemente en busca de su adinerado papá. No había vuelto a ver a Bruno Jenkins hasta ahora. Dudaba mucho de que estuviera a punto de convertirse en un ratón, aunque debo confesar que, en el fondo, esperaba que suce-

diera. En cualquier caso, no le envidiaba por estar allí, delante de todas esas brujas.

—Mi querrido niño —dijo La Gran Bruja desde la tarima—. Tengo tu chocolate prreparrado. Sube aquí prrimerro y saluda a estas encantadorras señorras.

Ahora su voz era completamente diferente. Era suave y chorreaba mieles.

Bruno estaba un poco desconcertado, pero se dejó conducir a la tarima y se quedó allí de pie, junto a La Gran Bruja.

—Bueno, ¿dónde están mis seis chocolatinas? —dijo.

Yo vi que la bruja que le había abierto estaba volviendo a poner las cadenas sin hacer ruido.

Bruno no se dio cuenta, porque estaba demasiado ocupado reclamando su chocolate.

—¡Ya sólo falta un minuto parra las trres y media! —anunció La Gran Bruja.

—¿Qué rayos pasa? —preguntó Bruno. No estaba asustado, pero tampoco se sentía muy a gusto—. ¿Qué es esto? ¡Deme mi chocolate!

—¡Quedan trreinta segundos! —gritó La Gran Bruja, agarrando a Bruno por un brazo.

Bruno se soltó de una sacudida y la miró a la cara. Ella le devolvió la mirada, sonriendo con los labios de su máscara. Todas las brujas tenían los ojos clavados en Bruno.

—¡Veinte segundos! —gritó La Gran Bruja.

—¡Deme el chocolate! —gritó Bruno, empezando a mosquearse—. ¡Deme el chocolate y déjeme salir de aquí!

—¡Quince segundos! —anunció La Gran Bruja.

—¿Quiere alguna de ustedes, locas de atar, hacer el favor de decirme qué pasa aquí? —dijo Bruno.

—¡Diez segundos! —gritó La Gran Bruja—. Nueve... ocho... siete... seis... cinco... cuatrro... trres... dos... uno ¡cerro!

Podría jurar que oí el timbre de un despertador. Vi a Bruno pegar un brinco. Saltó como si le hubieran clavado un alfiler en el culo y chilló «¡Auu!». Saltó tan alto que aterrizó en una mesita que había en la tarima, y se puso a dar brincos encima de ella, moviendo los brazos y chillando como un loco. Luego, de pronto, se quedó callado. Su cuerpo se puso rígido.

—¡El desperrtadorr ha sonado! —gritó La Gran Bruja—. ¡El Rrratonisadorr empiesa a hacerr efecto!

Empezó a brincar por la tarima y a batir palmas con sus manos enguantadas, y luego gritó:

—Esta cosa aborrrecida,
este asquerroso pulgón,
se converrtirrá en seguida
¡en un prrecioso rratón!

Bruno se estaba achicando por momentos. Yo le veía encogerse...

Ahora sus ropas desaparecían y le crecía pelo castaño por todo el cuerpo...

De repente, tenía rabo...
Y luego, tenía bigotes...
Ahora, tenía cuatro patas...
Todo sucedió tan rápidamente...
Fue cuestión de unos segundos solamente...
Y, de golpe, ya no estaba allí...

Un ratoncito pardo correteaba sobre la mesa...

—¡Bravo! —aulló el público—. ¡Lo ha conseguido! ¡Es fantástico! ¡Es colosal! ¡Es el invento más grande jamás logrado! ¡Sois un milagro, oh, Talentuda!

Todas se habían puesto de pie y aplaudían

y vitoreaban. La Gran Bruja sacó una ratonera de los pliegues de su vestido y empezó a prepararla.

¡Oh, no!, pensé. ¡No quiero verlo! Puede ser que Bruno Jenkins haya sido un poco repugnante, pero yo no quiero ver cómo le cortan la cabeza.

—¿Dónde está? —exclamó La Gran Bruja, buscando por la tarima—. ¿Dónde se ha metido ese rratón?

No pudo encontrarlo. Bruno había sido listo y debía de haber bajado de la mesa y escapado, para esconderse en algún rincón o incluso en algún agujero. Gracias a Dios.

—¡No imporrta! —gritó La Gran Bruja—. ¡Silencio! ¡Sentarros!

Las ancianas

La Gran Bruja estaba de pie justo en el centro de la tarima, y sus ojos asesinos se paseaban lentamente sobre las brujas de la sala, sentadas ante ella, dóciles y sumisas.

—¡Todas las que tengan más de setenta años que levanten la mano! —ladró La Gran Bruja, de pronto.

Se alzaron siete u ocho manos.

—Se me ocurrre —dijo La Gran Bruja— que vosotrras, las ancianas, no podrréis trreparr a los árrboles altos en busca de huevos del págaro grruñón.

—¡No, Vuestra Grandeza! ¡Creemos que no podremos! —dijeron las ancianas a coro.

—Tampoco podrréis coguerr al cascacangrregos, que vive en lo alto de rrocosos acantilados —siguió La Gran Bruja—. Tampoco os veo perrsiguiendo a toda carrrerrra al velos saltagatos, ni buceando en aguas prrofundas parra alancearr al chismorrero, ni rrecorrriendo los helados párramos con una pesada escopeta bago el brraso parra casarr el espurreadorr. Sois demasiado viegas y débiles parra esas cosas.

—¡Sí! —entonaron las ancianas—. ¡Lo somos! ¡Lo somos!

—Vosotrras, ancianas, me habéis serrvido

bien durante muchos años —dijo La Gran Bruja— y no deseo prrivarros del placerr de carrgarros a unos miles de niños cada una sólo porrque ya sois viegas y débiles. Porr lo tanto, he prreparrado perrsonalmente, con mis prropias manos, una cantidad limitada del Rratonisadorr de Acción Rretarrdada que distrribuirré entre las ancianas, antes de que os marrchéis del hotel.

—¡Oh, gracias, gracias! —gritaron las brujas viejas—. ¡Sois demasiado buena con nosotras, Vuestra Grandeza! ¡Sois tan amable y considerada!

—Aquí tengo una muestrra de lo que os darré —dijo La Gran Bruja.

Rebuscó en un bolsillo de su vestido y sacó un frasquito muy pequeño. Lo levantó y gritó:

—¡En este frrasquito tan pequeño hay quinientas dosis de Rratonisadorr! ¡Suficiente parra converrtirr en rratones a quinientos niños!

Vi que el frasco era de cristal azul oscuro y muy pequeñito, aproximadamente del mismo tamaño que los frascos con gotas para la nariz que se compran en la farmacia.

—¡Cada una de las ancianas rrecibirrá dos frrasquitos como éste! —gritó.

—¡Gracias, gracias, oh, Generosísima y Consideradísima! —exclamaron a coro las brujas ancianas—. ¡No se desperdiciará ni una gota! ¡Te prometemos espachurrar, escachifollar y machacar a mil niños cada una!

—¡Nuestrra rreunión ha terminado! —anunció La Gran Bruja—. Este es el prrogrrama para el rresto de vuestrra estancia en el hotel. Ahorra mismo tenemos que ir a la Terrrasa Soleada parra tomarr el té con ese rrridículo dirrector. Luego, a las seis de la tarrde, las brugas que son demasiado viegas parra trreparr a los árboles en busca de huevos de págarro grruñón irrán a mi habitación a rrrecoguer dos frascos de Rratonisadorr. El númerro de mi habitación es el cuatrrocientos cincuenta y cuatrro. No lo olvidéis. Después, a las ocho, os rrreunirréis todas en el comedorr parra cenarr. Somos las encantadorras señorras de la RSPCN y van a prreparrar dos mesas larrgas especialmente parra nosotrras. Perro no os olvidéis de ponerros tapones de algodón en la narris. Ese comedorr estarrá lleno de asquerrosos niños y sin los tapones el hedorr serrá insoporrtable. Aparrte de eso, acorrdarros de porrtarros norrmalmente en todo momento. ¿Está todo clarro? ¿Alguna prregunta?

—Yo tengo una pregunta, Vuestra Grandeza —dijo una voz entre el público—. ¿Qué pasa si uno de los bombones que regalemos en las confiterías se lo come un adulto?

—Peorr parra el adulto —dijo La Gran Bruja—. ¡La rreunión ha terrminado! ¡Salid!

Las brujas se pusieron de pie y empezaron a recoger sus cosas. Yo las observaba por la rendija, esperando que se dieran prisa y se marcharan pronto para que yo estuviera al fin a salvo.

—*¡Esperad!* —chilló una de las brujas de la última fila—. *¡Quietas!*

Su alarido resonó en el Salón como una trompeta. Todas las brujas se detuvieron y se volvieron a mirar a la que había chillado. Era una de las más altas y la vi allí de pie, con la cabeza levantada, aspirando grandes bocanadas de aire por aquellos agujeros de la nariz, ondulados y sonrosados como una concha.

—*¡Esperad!* —volvió a gritar.

—¿Qué pasa? —preguntaron las otras.

—¡Caca de perro! —chilló ella—. ¡Acaba de llegarme una vaharada de caca de perro!

—¡No puede ser! —gritaron las demás.

—¡Sí, sí! —gritó la primera bruja—. ¡Ahí está otra vez! ¡No es fuerte! ¡Pero está ahí! ¡Quiero decir que está aquí! ¡Viene de algún punto no muy lejos!

—¿Qué os pasa? —preguntó La Gran Bruja, lanzando miradas feroces desde la tarima.

—¡Mildred acaba de oler caca de perro, Vuestra Grandeza! —le contestó alguien.

—¡Qué tonterría! —gritó La Gran Bruja—. ¡Tiene caca de perrro en la seserra! ¡No hay niños en esta sala!

—¡Un momento! —gritó la bruja que se llamaba Mildred—. ¡Quietas todas! ¡No moveros! ¡Lo noto otra vez! —las enormes aletas de su nariz se agitaban como la cola de un pez—. ¡Lo noto más fuerte! ¡Me llega mucho más fuerte! ¿No lo oléis vosotras?

Todas las narices de todas las brujas de la sala se levantaron y empezaron a olfatear.

—¡Tiene razón! —gritó otra voz—. ¡Tiene toda la razón! ¡Es caca de perro, un olor fuerte y asqueroso!

En cuestión de segundos, todo el congreso de brujas lanzaba el temido grito.

—¡Caca de perro! —gritaban—. ¡Está por toda la sala! ¡Puuff! ¡Pu-u-u-uff! ¿Cómo no lo notamos antes? ¡Apesta como un cochino! ¡Debe de haber algún cerdito escondido no muy lejos de aquí!

—¡Encontrradlo! —chilló La Gran Bruja—. ¡Seguidle el rrrastrro! ¡Localisadlo! ¡No parréis hasta atrraparrlo!

Los pelos de mi cabeza estaban tiesos como las cerdas de un cepillo y rompí en un sudor frío por todo el cuerpo.

—¡Barrred a ese montoncito de mierrda! —aulló La Gran Bruja—. ¡No le deguéis escaparr! ¡Si está aquí se ha enterrado de las cosas más secrretas! ¡Hay que exterrrminarrlo inmediatamente!

Metamorfosis

Recuerdo que pensé, *¡Ya no tengo escapatoria! Aunque echase a correr y consiguiese esquivarlas a todas, ¡no podría salir porque las puertas tienen cadena y cerrojo! ¡Estoy acabado! ¡Estoy hundido! Oh, abuela, ¿qué van a hacer conmigo?*

Miré a mi alrededor y vi la espantosa cara, empolvada y pintada, de una bruja, que me estaba mirando, y la cara abrió la boca y chilló, triunfante.

—¡Está aquí! ¡Está detrás del biombo! ¡Venid a cogerle!

La bruja extendió una mano enguantada y me agarró por el pelo, pero yo me solté y me aparté de un salto. Corrí, ¡cómo corrí! ¡El terror ponía alas en mis pies! Volé siguiendo la pared del Salón de Baile y ninguna de ellas tuvo la posibilidad de atraparme. Cuando llegué a las puertas, me paré y traté de abrirlas, pero la gruesa cadena sujetaba los picaportes y ni siquiera pude sacudirla.

Las brujas no se molestaron en perseguirme. Se limitaron a quedarse en grupitos, observándome y sabiendo con certeza que yo no tenía medio de escapar. Varias de ellas se taparon la nariz con sus dedos enguantados y hubo gritos de «¡Puuff! ¡Qué peste! ¡No podemos aguantarlo mucho rato!».

—¡Pues coguedle, idiotas! —chilló La Gran Bruja desde la tarima—. ¡Desplegarros en fila a lo ancho de la sala, avansad y aprresadlo! ¡Acorrralarr a ese asquerroso crrío y agarrradlo y trraédmelo aquí!

Las brujas se desplegaron como ella les había dicho. Avanzaron hacia mí, unas por un lado, otras por el otro, y algunas más por el centro, entre las filas de sillas vacías. Era inevitable que me cogieran. Me tenían acorralado.

De puro terror me puse a chillar.

—*¡Socorro!* —chillé, volviendo la cabeza hacia las puertas en la esperanza de que alguien me oyera—. ¡Socorro! ¡Socorro! ¡Socoorrooo!

—¡Coguedle! ¡Agarrradle! ¡Que parre de grritarr!

Entonces se me echaron encima y cinco de ellas me agarraron por los brazos y las piernas y me alzaron del suelo. Yo continué gritando, pero una me tapó la boca con una mano enguantada y me hizo callar.

—¡Trrraedle aquí! —gritó La Gran Bruja—. ¡Trrraedme a ese gusano entrrometido!

Me llevaron en volandas, de cara al techo, sostenido por muchas manos que aferraban mis brazos y piernas. Vi a La Gran Bruja alzándose por encima, sonriendo de la manera más horrible. Levantó el frasco azul de Ratonizador y dijo:

—¡Ahorra la medicina! ¡Tapadle la narris parra que abrra la boca!

Unos fuertes dedos me apretaron la nariz. Mantuve la boca bien cerrada y contuve el aliento. Pero no pude resistir durante mucho tiempo. Me estallaba el pecho. Abrí la boca para aspirar una gran bocanada de aire y al hacerlo... ¡La Gran Bruja me echó por la garganta todo el contenido del frasquito!

¡Qué dolor y qué ardor! Era como si me hubieran vertido en la boca una olla de agua hirviendo. ¡Sentía un incendio en la garganta! ¡Luego, muy rápidamente, la sensación quemante, abrasadora, se extendió por mi pecho y bajó al estómago y siguió por los brazos y las piernas y por todo mi cuerpo! Grité y grité, pero una vez más la mano enguantada me tapó la boca. Después sentí que mi piel empezaba a apretarme. ¿Cómo podría describirlo? Era literalmente como si la piel de todo mi cuerpo, desde la coronilla hasta las puntas de los dedos de las manos y de los pies, ¡se contrajera y se encogiese! Yo me sentía como si fuese un globo y alguien estuviese retorciendo el extremo del globo, retorciéndolo y retorciéndolo, y el globo se hacía cada vez más pequeño y la piel se ponía cada vez más tirante y pronto iba a estallar.

Entonces empezó el *estrujamiento*. Esta vez era como si estuviese dentro de una armadura y alguien estuviera dando vueltas a una tuerca, y con cada vuelta de tuerca, la armadura se hacía más y más pequeña, y me estrujaba como a una naranja, convirtiéndome en una pulpa deshecha y haciendo que el jugo se me saliera por los costados.

Después vino una sensación de picor rabioso por toda la piel (o lo que quedaba de ella), como si miles de agujitas se abrieran paso a través de la superficie de mi piel desde dentro, y esto era, ahora me doy cuenta, que me estaba creciendo el pelo de ratón.

Desde muy lejos, oí la voz de La Gran Bruja chillando.

—¡Quinientas dosis! ¡Este maloliente carrbunclo se ha tomado quinientas dosis y el desperrtadorr se ha destrrosado y ahorra estamos viendo la *acción instantánea!*

Oí aplausos y vivas y recuerdo que pensé: *¡Ya no soy yo! ¡He perdido mi propio pellejo!*

Me di cuenta de que el suelo estaba a sólo dos centímetros de mi nariz.

También me fijé en dos patitas delanteras peludas que descansaban en el suelo. Yo podía mover esas patitas. ¡Eran mías!

En ese momento, comprendí que yo ya no era un niño. Era UN RATON.

—¡Ahorra vamos a ponerr la rratonerra! —oí gritar a La Gran Bruja—. ¡La tengo aquí mismo! ¡Y aquí hay un trroso de queso!

Pero yo no iba a quedarme esperando. ¡Crucé la tarima como un relámpago! ¡Me asombré de

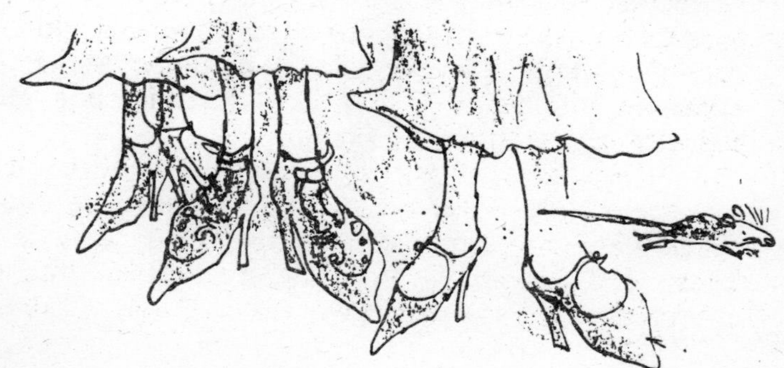

mi propia velocidad! Salté por encima de pies de brujas por todos lados, y en un instante bajé los escalones y me encontré en el suelo del Salón de Baile brincando por entre las filas de sillas. Lo que más me gustaba era que no hacía nada de ruido al correr. Me movía raudo y silencioso. Y asombrosamente, el dolor había desaparecido por completo. Me sentía extraordinariamente bien. *No está tan mal, después de todo,* pensé, *ser diminuto además de veloz, cuando hay una pandilla de locas peligrosas que desean tu sangre.* Elegí la pata de atrás de una silla, me pegué a ella y me quedé inmóvil.

A lo lejos, La Gran Bruja estaba gritando.

—¡Olvidarros del pestilente crrío! ¡No vale la pena molestarrse en buscarrlo! ¡No es más que un rrratón! ¡Alguien lo casarrá prronto! ¡Salgamos de aquí! ¡Se acabó la rreunión! ¡Abrrid las puertas y vámonos a la Terrrasa Soleada a tomarr el té con ese imbécil del dirrector!

Bruno

Asomé la cabeza por la pata de la silla y vi cientos de pies de brujas saliendo por las puertas del Salón de Baile. Cuando se marcharon todas y el lugar quedó en total silencio, empecé a moverme por el suelo con cautela. De pronto, me acordé de Bruno. Seguramente estaría por aquí, escondido en alguna parte.

En realidad no esperaba poder hablar ahora que me había transformado en un ratón, así que me llevé un susto tremendo al oír mi propia voz, perfectamente normal y bastante alta, saliendo de una boca tan chiquita.

Era maravilloso. Estaba entusiasmado. Volví a probar.

—Bruno Jenkins, ¿dónde estás? —dije—. ¡Si puedes oírme, da un grito!

Mi voz era exactamente la misma y tan fuerte como cuando yo era un niño.

—¡Eh, Bruno! —grité—. ¿Dónde estás?

No hubo respuesta.

Me paseé por entre las patas de las sillas intentando acostumbrarme a estar tan cerca del suelo. Decidí que me gustaba bastante. Probablemente estáis extrañados de que yo no estuviera nada deprimido. Me encontré pensando: *¿Y qué tiene de maravilloso ser un niño, después de todo? ¿Por qué ha de ser, necesariamente, mejor que ser un ratón?*

Ya sé que a los ratones los cazan, los envenenan o les ponen trampas. Pero también a los niños los matan a veces. A los niños los puede atropellar un coche o pueden morir de alguna espantosa enfermedad. Los niños tienen que ir al colegio. Los ratones, no. Los ratones no tienen que examinarse. Los ratones no tienen que preocuparse por el dinero. Los ratones, que yo sepa, sólo tienen dos enemigos, los seres humanos y los gatos. Mi abuela es un ser humano, pero yo sé seguro que ella me querrá siempre, sea yo lo que sea. Y, gracias a Dios, ella nunca tiene gato. Cuando los ratones se hacen mayores no tienen que ir a la guerra y luchar con otros ratones. Todos los ratones se llevan bien. La gente, no.

Sí, me dije, *creo que no está nada mal ser un ratón.*

Iba dando vueltas por el suelo del salón mientras pensaba en esto, cuando vi a otro ratón. Sostenía un pedazo de pan con las patas delanteras y lo mordisqueaba con gran entusiasmo.

Tenía que ser Bruno.

—Hola, Bruno —dije.

Me miró durante dos segundos y luego continuó engullendo.

—¿Qué has encontrado? —le pregunté.

—Se le cayó a una de ellas —contestó—. Es un sandwich de pasta de pescado. Está bueno.

También él hablaba con una voz normalísima. Uno supondría que, si un ratón pudiera hablar, tendría la vocecita más baja y chirriante que se pueda imaginar. Era graciosísimo oír la voz del bocazas de Bruno saliendo de la diminuta garganta de un ratón.

—Escucha, Bruno —dije—, ahora que los dos somos ratones, creo que debemos empezar a pensar en el futuro.

Dejó de comer y me miró fijamente con sus ojitos negros.

—¿Qué significa eso de *los dos*? —dijo—. El hecho de que tú seas un ratón no tiene nada que ver conmigo.

—Pero es que tú también eres un ratón, Bruno.

—No seas idiota —dijo—. Yo no soy un ratón.

—Me temo que sí, Bruno.

—¡Por supuesto que no! —gritó—. ¿Por qué me insultas? ¡Yo no te he dicho nada! ¿Por qué me llamas ratón a *mí*?

—¿Es que no sabes lo que te ha pasado? —dije.

—¿De qué demonios estás hablando? —preguntó Bruno.

—Tengo que informarte —dije— de que no hace mucho rato las brujas te han convertido en ratón. Luego, han hecho lo mismo conmigo.

—¡Eso es mentira! —gritó—. ¡Yo no soy un ratón!

—Si no estuvieras tan ocupado engullendo ese sandwich —dije—, te habrías fijado en tus patitas peludas. Míratelas.

Bruno se miró las patas. Pegó un brinco.

—¡Dios mío! —gritó—. ¡Sí que soy un ratón! ¡Ya verás cuando mi padre se entere de esto!

—A lo mejor piensa que es un progreso —dije.

—¡Yo no quiero ser un ratón! —gritó Bruno,

dando saltos—. ¡Me niego a ser un ratón! ¡Yo soy Bruno Jenkins!

—Hay cosas peores que ser un ratón —dije—. Puedes vivir en un agujero.

—¡Yo no quiero vivir en un agujero!

—Y puedes colarte en la despensa por la noche —dije— y roer todos los paquetes de pasas, de patatas fritas y de galletas y de todo lo que encuentres. Puedes pasarte toda la noche allí, comiendo hasta hartarte. Eso es lo que hacen los ratones.

—Vaya, es una idea —dijo Bruno, animándose un poco—. Pero, ¿cómo voy a abrir la puerta de la nevera para coger el pollo frío y las sobras? Eso es lo que hago todas las noches en mi casa.

—A lo mejor tu adinerado padre puede comprarte una neverita especial sólo para ti —dije—. Una que puedas abrir.

—¿Has dicho que fue una bruja quien me hizo esto? —preguntó Bruno—. ¿Qué bruja?

—La que te dio la chocolatina en el vestíbulo ayer —le dije—. ¿No te acuerdas?

—¡Esa cerda asquerosa! ¡Me las pagará! ¿Dónde está? ¿Quién es?

—Olvídalo —dije—. No tienes la menor posibilidad. Tu mayor problema en este momento son tus padres. ¿Cómo se lo van a tomar? ¿Te tratarán con cariño y comprensión?

Bruno lo pensó un momento.

—Creo que mi padre se va a quedar de piedra —dijo.

—¿Y tu madre?

—Le dan pánico los ratones —dijo Bruno.

—Entonces tienes un problema, ¿no?

—¿Por qué lo tengo yo solamente? —dijo—. Y tú, ¿qué?

—Mi abuela lo entenderá perfectamente. Lo sabe todo sobre las brujas.

Bruno dio otro mordisco a su sandwich.

—¿Qué propones que hagamos? —preguntó.

—Propongo que vayamos los dos en seguida a consultar con mi abuela —dije—. Ella sabrá exactamente lo que debemos hacer.

Me dirigí a las puertas, que estaban abiertas. Bruno me siguió, sosteniendo parte del sandwich en una pata.

—Cuando lleguemos al pasillo —dije—, tendremos que correr como locos. Ve pegado a la pared todo el camino y sígueme. No hables y no dejes que te vea nadie. No olvides que casi cualquiera que te vea, intentará matarte.

Le arrebaté el sandwich y lo tiré lejos.

—Vamos —dije—. No te separes de mí.

Hola, abuela

No bien salí del Salón de Baile, eché a correr como un rayo. Corrí por el pasillo, atravesé la Antesala, el Salón de Lectura, la Biblioteca y la Sala y llegué a las escaleras. Las subí, saltando con facilidad de un escalón a otro, manteniéndome bien pegado a la pared todo el tiempo.

—¿Estás ahí, Bruno? —susurré.

—Aquí mismo —contestó.

La habitación de mi abuela y la mía estaban en el quinto piso. Fue una subida considerable, pero la hicimos sin encontrarnos con una sola persona, porque todo el mundo usaba el ascensor. En el quinto piso, corrí hasta la puerta de la habitación de mi abuela. Ella había dejado un par de zapatos delante de la puerta para que se los limpiaran. Bruno estaba a mi lado.

—¿Qué hacemos ahora? —dijo.

De repente vi que una camarera venía por el pasillo hacia nosotros. En seguida me di cuenta de que era la que me había denunciado al director por tener ratones. Por lo tanto, no era la clase de persona que yo deseaba encontrarme en mi condición actual.

—¡Rápido! —le dije a Bruno—. ¡Escóndete en uno de los zapatos!

Di un brinco y me metí en un zapato y Bruno

se escondió en el otro. Esperé que la camarera pasara de largo. Pero no fue así. Cuando llegó a la altura de los zapatos, se agachó y los cogió. Al hacerlo, metió la mano bien dentro del zapato en el que yo estaba escondido. Cuando uno de sus dedos me tocó, la mordí. Fue una estupidez, pero lo hice instintivamente, sin pensar. La camarera dio un alarido que debió de oírse en los barcos que cruzan el Canal de la Mancha, dejó caer los zapatos y salió corriendo como una flecha.

Mi abuela abrió la puerta.

—¿Qué pasa aquí? —dijo.

Yo pasé por entre sus piernas y entré en la habitación, seguido por Bruno.

—¡Cierra la puerta, abuela! —grité—. ¡Rápido, por favor!

Ella miró a su alrededor y vio a dos ratoncitos pardos en la alfombra.

—Por favor, cierra —dije.

Esta vez me vio hablar y reconoció mi voz. Se quedó helada y absolutamente inmóvil. Todo su cuerpo, los dedos, las manos, los brazos y la cabeza se quedaron de pronto tan rígidos como una estatua de mármol. Su cara se puso aún más pálida que el mármol y sus ojos se dilataron tanto que yo veía el blanco todo alrededor del iris. Luego empezó a temblar. Pensé que se iba a desmayar y a caer redonda.

—Por favor, abuela, cierra pronto la puerta —dije—. Podría entrar esa horrible camarera.

Consiguió recobrarse lo bastante como para cerrar la puerta. Luego se apoyó contra ella, mirándome, con la cara desencajada y temblando toda ella. Vi que las lágrimas empezaban a brotar de sus ojos y a rodar por sus mejillas.

—No llores, abuela —le dije—. Podía haber sido mucho peor. Logré escapar de ellas. Estoy vivo. Y Bruno también.

Muy despacio, se agachó y me cogió con una mano. Después, cogió a Bruno con la otra y nos puso a los dos encima de la mesa. Había un frutero con plátanos en el centro de la mesa y Bruno saltó inmediatamente sobre él y se puso a tirar de la piel de un plátano con los dientes, para poder comerse lo de dentro.

Mi abuela se agarró al brazo de su butaca para mantener el equilibrio, pero sus ojos no se apartaron de mí.

—Siéntate, abuelita —dije.

Ella se derrumbó en la butaca.

—Oh, vida mía —murmuró, y ahora las lágrimas corrían por su cara como ríos—. Mi pobrecito niño. ¿Qué te han hecho?

—Sé lo que me han hecho, abuela, y sé lo que soy ahora, pero lo gracioso es que, sinceramente, no me importa demasiado. Ni siquiera estoy enfadado. En realidad, me siento bastante bien. Sé que ya no soy un niño y que no volveré a serlo nunca, pero estaré bien, mientras estés tú para cuidarme.

No lo decía sólo para intentar consolarla. Era totalmente sincero respecto a lo que sentía. Puede que te parezca raro que yo no llorara. Realmente, *era* raro. La verdad es que no puedo explicarlo.

—Por supuesto que te cuidaré —murmuró mi abuela—. ¿Quién es el otro?

—Era un chico que se llamaba Bruno Jenkins. A él le cogieron antes que a mí.

Mi abuela sacó un puro largo y negro de una caja que llevaba en el bolso y se lo puso en la boca. Luego sacó una cajita de cerillas y encendió una, pero sus dedos temblaban tanto que no conseguía acercar la llama al extremo del puro. Cuando, al fin, lo encendió, dio una chupada larga y se tragó el humo. Eso pareció tranquilizarla un poco.

—¿Dónde ha sucedido? —susurró—. ¿Dónde está la bruja ahora? ¿Está en el hotel?

—Abuela, no era una sola. ¡Eran *cientos*! ¡Están por todas partes! ¡Están aquí, en el hotel, ahora mismo!

Ella se inclinó hacia delante y me miró fijamente.

—¿No querrás decir... no me vas a decir de veras... no querrás decir que están celebrando su Congreso Anual aquí mismo en el hotel?

—¡Ya lo han celebrado, abuela! ¡Ya se terminó! ¡Yo lo oí todo! ¡Y todas, incluyendo a La

Gran Bruja en persona, están abajo ahora mismo! ¡Fingen ser de la Real Sociedad para la Prevención de la Crueldad con los Niños! ¡Están tomando el té con el director!

—¿Y te pillaron?

—Me olieron.

—Caca de perro, ¿no? —dijo ella, suspirando.

—Desgraciadamente, sí. Pero no era muy fuerte. Por poco no me huelen, porque no me había bañado desde hacía siglos.

—Los niños no deberían bañarse *nunca* —dijo ella—. Es una costumbre peligrosa.

—Estoy de acuerdo, abuela.

Ella se quedó callada, chupando su puro.

—¿Me estás diciendo *en serio* que ahora mismo están abajo tomando el té? —me preguntó.

—Estoy completamente seguro, abuela.

Hubo otro silencio. Yo veía el antiguo brillo de excitación volver lentamente a los ojos de mi abuela y, de pronto, se puso muy derecha en su butaca y dijo apasionadamente:

—Cuéntamelo todo, desde el principio. Y, por favor, de prisa.

Respiré hondo y empecé a hablar. Le conté que había ido al Salón de Baile y me había escondido detrás del biombo para amaestrar a mis ratones. Le conté lo del cartel que ponía Real Sociedad para la Prevención de la Crueldad con los Niños. Le conté todo sobre las mujeres que entraron y se sentaron y sobre la mujer bajita que apareció en el escenario y se quitó la máscara. Pero cuando llegué a la descripción del aspecto de la cara que había debajo de la máscara no pude encontrar las palabras adecuadas, simplemente.

—¡Era horrible, abuela! —dije—. ¡Oh, era tan horrible! ¡Era... era como algo que se está pudriendo!

—Sigue —dijo mi abuela—. No te detengas.

Entonces le conté que las otras se quitaron las pelucas, los guantes y los zapatos, y que vi ante mí un mar de cabezas calvas y granujientas, y que los dedos de las mujeres tenían pequeñas garras y que sus pies no tenían dedos.

Mi abuela se había ido echando hacia delante en su butaca y ahora estaba sentada en el borde. Tenía las dos manos dobladas sobre el puño de oro del bastón que usaba para andar, y me miraba con los ojos tan brillantes como dos estrellas.

Entonces le conté que La Gran Bruja había disparado chispas incandescentes que habían convertido a una de las brujas en una nubecilla de humo.

—¡He oído hablar de eso! —gritó mi abuela, excitada—. ¡Pero nunca me lo creí del todo! ¡Eres el primero que, no siendo una bruja, ha visto eso! ¡Es el castigo más famoso de La Gran Bruja! ¡Le llaman «que te fríen», y todas las otras brujas tienen pánico de que se lo hagan! Me han dicho que La Gran Bruja tiene por norma freír por lo menos a una de ellas en cada Congreso Anual. Lo hace para tener a las demás en vilo. Sigue, cielo, por favor.

Entonces le conté a mi abuela lo del Ratonizador de Acción Retardada y cuando llegué a aquello de convertir en ratones a todos los niños de Inglaterra, literalmente saltó de su butaca gritando.

—¡Lo sabía! ¡Sabía que estaban tramando algo horrible!

—Tenemos que impedírselo, abuela —dije.

Ella se volvió y me miró.

—No se puede detener a las brujas. ¡Fíjate en el poder que esa terrible Gran Bruja tiene sólo en los ojos! ¡Podría matar a cualquiera de nosotros en cualquier momento con esas chispas candentes! ¡Tú mismo lo has visto!

—Aun así, abuela —dije—, tenemos que impedirles que conviertan a todos los niños de Inglaterra en ratones.

—No has terminado de contarme —dijo—. Dime qué le pasó a Bruno. ¿Cómo le cogieron?

Así que le expliqué por qué había entrado Bruno y que yo había visto con mis propios ojos cómo se transformaba en un ratón. Mi abuela miró a Bruno que estaba en el frutero engullendo plátanos.

—¿Nunca para de comer? —preguntó.

—Nunca —dije—. ¿Me puedes explicar una cosa, abuela?

—Lo intentaré —dijo.

Me levantó de la mesa y me puso en su regazo. Con mucha dulzura, empezó a acariciar la suave piel de mi lomo. Era una sensación agradable para mí.

—¿Qué es lo que quieres preguntarme, cariño? —dijo.

—Lo que no entiendo es cómo Bruno y yo podemos seguir hablando y pensando igual que antes.

—Es muy sencillo —dijo mi abuela—. Lo único que han hecho es encogeros y poneros cuatro patitas y una piel peluda, pero no han podido transformaros en un ratón cien por cien. Sigues siendo tú mismo en todo menos en el aspecto. Sigues teniendo tu propia mente, tu propio cerebro y tu propia voz, gracias a Dios.

—Así que, en realidad, no soy un ratón *corriente*. Soy algo así como una persona-ratón.

—Eso es —dijo ella—. Eres un ser humano con piel de ratón. Eres algo muy especial.

Nos quedamos en silencio durante unos minutos, mientras mi abuela continuaba acariciándome el lomo con un dedo, muy suavemente, y dando chupadas a su puro con la otra mano. El único ruido que se oía en la habitación era el que hacía Bruno al atacar los plátanos del frutero. Pero yo no estaba sin hacer nada mientras estaba tumbado en su regazo. Pensaba como loco. Mi cerebro funcionaba como nunca lo había hecho.

—Abuela —dije—, puede que tenga una idea.

—Sí, cielo. ¿Cuál es?

—La Gran Bruja les dijo que su habitación era la cuatrocientos cincuenta y cuatro. ¿Verdad?

—Verdad —dijo ella.

—Bueno, pues mi habitación es la *quinientos* cincuenta y cuatro, la *quinientos* cincuenta y cuatro, está en el quinto piso; por lo tanto, la *cuatrocientos* cincuenta y cuatro, estará en el cuarto piso.

—Sí, efectivamente —dijo mi abuela.

—Entonces, ¿no crees que es posible que la habitación *cuatrocientos* cincuenta y cuatro esté directamente debajo de la habitación *quinientos* cincuenta y cuatro?

—Es más que probable —dijo ella—. Estos hoteles modernos están construidos como cajas de ladrillos. Pero, ¿y qué, si es así?

—¿Quieres sacarme a mi balcón para que pueda mirar abajo? —dije.

Todas las habitaciones del Hotel Magnífico tenían pequeños balcones individuales. Mi abuela me llevó a mi habitación y me sacó al balcón. Ambos nos asomamos y miramos el balcón inmediatamente inferior.

—Si ésa *es* su habitación —dije—, apuesto a que yo podría bajar allí de alguna manera y entrar.

—Y que vuelvan a cogerte otra vez —dijo mi abuela—. No te lo permitiré.

—En este momento —dije— están abajo, en la Terraza Soleada, tomando el té con el director. Probablemente, La Gran Bruja no volverá hasta las seis o poco antes. A esa hora repartirá el suministro de esa horrenda fórmula a las ancianas que no pueden trepar a los árboles para coger los huevos de pájaro gruñón.

—¿Y qué pasa si consigues entrar en su cuarto? —dijo mi abuela—. ¿Qué haces entonces?

—Entonces intentaría encontrar el sitio donde guarda sus reservas de Ratonizador de Acción Retardada, y si lo lograse, robaría un frasco y lo traería aquí.

—¿Podrías llevarlo?

—Creo que sí —dije—. Es un frasquito muy pequeño.

—Me da miedo ese mejunje —dijo—. ¿Qué harías con él si consiguieras cogerlo?

—Un solo frasco es suficiente para quinientas personas —dije—. Eso bastaría para darles una dosis doble a cada una de esas brujas de ahí abajo. Podríamos convertirlas a todas en ratones.

Mi abuela pegó un salto de unos cinco centímetros. Estábamos en mi balcón, a unos quinientos metros del suelo, y cuando ella saltó, por poco no me caigo de su mano hacia fuera de la barandilla.

—Ten cuidado conmigo, abuela —dije.

—¡Qué gran idea! —gritó—. ¡Es fantástico! ¡Tremendo! ¡Eres un genio, cielo!

—¿A que estaría bien? —dije—. ¿A que estaría realmente bien?

—¡Nos libraríamos de todas las brujas de Inglaterra de un golpe! —gritó—. ¡Y, *encima,* de La Gran Bruja!

—Tenemos que intentarlo.

—Escucha —dijo, y casi me deja caer por el balcón otra vez, de puro nerviosa—. Si logramos esto, ¡sería el mayor triunfo en toda la historia de la brujería!

—Hay mucho que hacer —dije.

—Claro que hay mucho que hacer —dijo ella—. Para empezar, suponiendo que te las arreglaras para coger uno de esos frascos, ¿cómo ibas a echarlo en su comida?

—Pensaremos en eso más tarde —dije—. Intentemos primero hacernos con el mejunje. ¿Cómo podemos asegurarnos de que ése es su cuarto?

—¡Lo comprobaremos inmediatamente! —dijo ella—. ¡Vamos! ¡No hay que perder un segundo!

Llevándome en una mano, salió del cuarto y caminó por el pasillo, golpeando la alfombra con el bastón a cada paso que daba. Bajamos un tramo de escaleras hasta el cuarto piso. Las habitaciones que había a cada lado del pasillo tenían los números pintados en dorado sobre la puerta.

—¡Aquí está! —dijo mi abuela—. Número cuatrocientos cincuenta y cuatro.

Intentó abrir la puerta. Naturalmente, estaba cerrada con llave. Miró a un lado y a otro del largo pasillo vacío.

—Creo que tienes razón —dijo—. Es casi seguro que esta habitación está justo debajo de la tuya.

Volvió por el pasillo contando el número de puertas que había desde la habitación de La Gran Bruja hasta las escaleras. Eran seis.

Subió hasta el quinto piso y repitió la operación.

—¡Efectivamente, está justo debajo de ti! —gritó mi abuela—. ¡Su habitación está justo debajo de la tuya!

Entramos en mi habitación y me llevó otra vez al balcón.

—Ese balcón de ahí abajo es el de ella —dijo—. ¡Y además, la puerta del balcón está abierta! ¿Cómo vas a bajar?

—No sé —contesté.

Nuestras habitaciones estaban en la fachada principal del hotel y daban a la playa y al mar. Directamente debajo de mi balcón, cientos de metros debajo, se veía una verja de barrotes puntiagudos. Si me caía, no lo contaría.

—¡Ya lo tengo! —gritó mi abuela.

Llevándome en la mano, volvió corriendo a su cuarto y empezó a rebuscar, en los cajones de la cómoda. Encontró un ovillo de lana azul. Un extremo del hilo estaba unido a unas agujas de calceta y a un calcetín a medio terminar que estaba haciendo para mí.

—Esto irá perfectamente —dijo ella—. Te meteré dentro del calcetín y te haré descender hasta el balcón de La Gran Bruja. ¡Pero tenemos que darnos prisa! ¡Ese monstruo puede volver a su habitación en cualquier momento!

El ratón ladrón

Mi abuela regresó apresuradamente a mi cuarto y me sacó al balcón.

—¿Estás listo? —me preguntó—. Te voy a meter en el calcetín.

—No sé si podré conseguirlo —dije—. Ahora soy sólo un ratoncito.

—Lo conseguirás —dijo ella—. Buena suerte, mi vida.

Me metió en el calcetín y empezó a descolgarme por fuera de la barandilla. Yo me acurruqué dentro del calcetín y contuve el aliento. A través del tejido de punto, veía claramente todo el panorama. Allá abajo, lejísimos, los niños que jugaban en la playa eran del tamaño de un escarabajo. El calcetín comenzó a balancearse a causa de la brisa. Miré hacia arriba y vi la cabeza de mi abuela asomando por encima de la barandilla.

—¡Ya casi estás allí! —gritó—. ¡Ya llegamos! ¡Despacio, suave! ¡Ya estás abajo!

Noté un ligero golpe contra el suelo.

—¡Entra! —gritó mi abuela—. ¡De prisa, de prisa, de prisa! ¡Registra la habitación!

Salté fuera del calcetín y entré corriendo en el cuarto de La Gran Bruja. Había el mismo olor rancio que yo había percibido en el Salón de Baile. Era el hedor de las brujas. Me recordaba al olor de

los lavabos públicos de caballeros en las estaciones de ferrocarril.

Por lo que yo pude ver, la habitación estaba bastante ordenada. Por ninguna parte había el menor signo de que estuviese ocupada por alguien que no fuera una persona normal. Pero, claro, no podía haberlo. Ninguna bruja hubiera sido tan tonta como para dejar cualquier cosa sospechosa tirada por ahí, para que la viera una camarera del hotel.

De pronto vi a una rana que daba saltos sobre la alfombra y luego desaparecía debajo de la cama. Yo también salté.

—*¡Date prisa!* —me llegó la voz de la abuela desde fuera—. ¡Coge el mejunje y *sal de ahí*!

Me puse a brincar por la habitación, tratando de registrarla, pero no era tan fácil. No podía abrir ningún cajón, por ejemplo. Tampoco podía abrir las puertas del gran armario. Dejé de brincar, me senté en el suelo y me puse a pensar. Si La Gran Bruja quería ocultar algo sumamente secreto, ¿dónde lo pondría? Seguro que no en un cajón corriente. Ni en el armario tampoco. Era demasiado evidente. Me subí a la cama de un salto, para ver bien toda la habitación. *Eh,* pensé, *¿por qué no debajo del colchón?* Con mucho cuidado, me descolgué por el borde de la cama y me deslicé por debajo del colchón. Tuve que empujar fuerte para avanzar algo, pero seguí insistiendo. No veía nada. Estaba arrastrándome por debajo del colchón cuando, de pronto, mi cabeza chocó contra algo duro que había *den-*

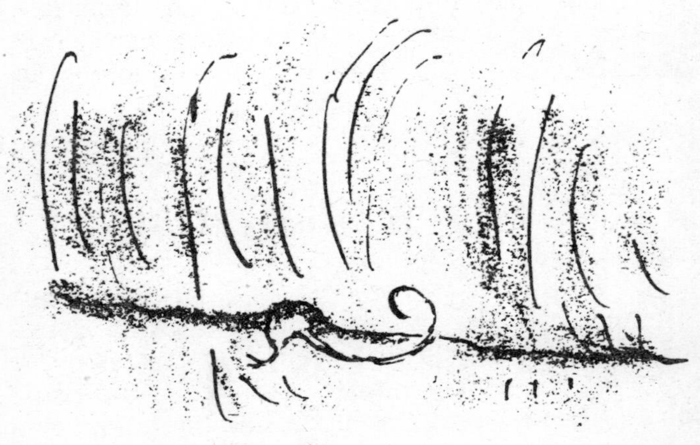

tro del colchón. Lo palpé con la pata. ¿Podría ser un frasquito? ¡*Era* un frasquito! Notaba su forma a través de la tela del colchón. Y, justo al lado, toqué otro bulto duro, y otro, y otro. La Gran Bruja debía de haber descosido la tela, colocado los frascos dentro, y luego haber vuelto a coserla. Empecé a roer furiosamente la tela del colchón sobre mi cabeza. Mis incisivos eran extraordinariamente afilados y no tardé mucho en hacer un pequeño agujero. Me metí dentro y agarré el frasco por el cuello. Lo empujé para que saliera por el agujero y luego salí yo.

Andando hacia atrás y arrastrando el frasco, conseguí llegar al borde del colchón. Hice rodar el frasco y lo dejé caer sobre la alfombra. Rebotó pero no se rompió. Salté de la cama. Examiné el frasquito. Era idéntico al que tenía La Gran Bruja en el Salón de Baile. Este tenía una etiqueta. FORMULA 86, ponía. RATONIZADOR DE ACCION RETARDADA. Debajo ponía: *Este frasco contiene quinientas dosis.* ¡Eureka! Me sentí muy satisfecho de mí mismo.

Tres ranas salieron de debajo de la cama dando saltitos. Se sentaron en la alfombra, mirándome con sus grandes ojos negros. Yo también las miré. Aquellos enormes ojos eran lo más triste que yo había visto. De pronto se me ocurrió que, casi con certeza, aquellas ranas habían sido niños en

otro tiempo, antes de que La Gran Bruja se apoderara de ellos. Me quedé allí parado, agarrando el frasco y mirando a las ranas.

—¿Quiénes sois? —les pregunté.

En ese momento exacto, oí una llave en la cerradura, la puerta se abrió violentamente y entró La Gran Bruja. Las ranas se metieron debajo de la cama otra vez de un rápido salto. Yo las seguí como una flecha, sin soltar el frasquito, y corrí hacia la pared y me oculté detrás de una pata de la cama. Oí pasos sobre la alfombra. Asomé la cabeza y vi que las ranas estaban apiñadas debajo del centro de la cama. Las ranas no pueden esconderse como los ratones. Ni correr como los ratones. Lo único que saben hacer, las pobres, es saltar torpemente.

De repente, la cara de La Gran Bruja entró en mi campo de visión, mirando debajo de la cama. Rápidamente, metí la cabeza detrás de la pata de la cama.

—Así que estáis ahí, rranitas mías —la oí decir—. Podéis quedarros donde estáis hasta que yo me acueste esta noche, luego os tirrarré porr la ventana y os comerrán las gaviotas.

Entonces, a través del balcón abierto, se oyó la voz de mi abuela, fuerte y clara.

—¡Date prisa, cielo! ¡Date prisa! ¡Más vale que salgas pronto de ahí!

—¿Quién habla? —chilló La Gran Bruja.

Me asomé otra vez y la vi acercarse al balcón.

—¿Quién está en mi balcón? —refunfuñó—. ¿Quién es? ¿Quién se atrreve a entrrarr en mi balcón?

Salió al balcón.

—¿Qué hace esta lana aquí colgando? —la oí decir.

—Ah, hola —dijo la voz de mi abuela—. Se me acaba de caer mi labor de punto. Pero no im-

porta, porque tengo el otro extremo en la mano. Puedo subirla tirando del hilo. Gracias de todas formas.

Me asombré de la tranquilidad de su voz.

—¿Con quién hablaba usted ahorra mismo? —dijo La Gran Bruja, cortante—. ¿A quién le decía que se dierra prrisa y salierra rrápido?

—Hablaba con mi nietecito —le oí contestar a mi abuela—. Lleva horas en el cuarto de baño y quiero que salga. Se sienta allí a leer libros y se olvida completamente de dónde está. ¿Tiene usted niños, querida?

—¡No! —gritó La Gran Bruja, y volvió a entrar rápidamente en el cuarto, *cerrando el balcón de un portazo.*

Estaba atrapado. Me había cerrado la vía de escape. Estaba encerrado en aquel cuarto con La Gran Bruja y las tres aterrorizadas ranas. Yo estaba tan aterrorizado como ellas. Estaba seguro de que, si me encontraba, me arrojaría por el balcón para pasto de las gaviotas.

Oí que llamaban con los nudillos en la puerta de la habitación.

—¿Quién es ahorra? —gritó La Gran Bruja.

—Somos las ancianas —contestó una voz tímida al otro lado de la puerta—. Son las seis y venimos a recoger los frasquitos que nos prometió Vuestra Grandeza.

La vi cruzar el cuarto hacia la puerta. La abrió y entonces vi un montón de pies que empezaban a entrar en la habitación. Andaban despacio y titubeantes, como si las dueñas de esos pies tuvieran miedo de entrar.

—¡Pasad! ¡Pasad! —chilló La Gran Bruja—. ¡No os quedéis ahí parradas en el pasillo! ¡No puedo perrderr toda la noche!

Yo vi mi oportunidad. Salí de debajo de la cama y corrí como un rayo hacia la puerta. Salté por

encima de varios pares de zapatos por el camino y en tres segundos estaba en el pasillo, apretando el valioso frasquito contra mi pecho. Nadie me había visto. No hubo gritos de: «¡Un ratón! ¡Un ratón!». Lo único que se oía eran las voces de las brujas ancianas balbuceando sus bobas alabanzas: «¡Qué amable es Vuestra Grandeza!» y todo lo demás. Corrí por el pasillo y luego escaleras arriba. En el quinto piso, fui otra vez por el pasillo hasta la puerta de mi cuarto. Gracias a Dios, no había nadie a la vista. Empecé a dar golpecitos en la puerta con el fondo del frasco. *Tap, tap, tap, tap, tap, tap... tap, tap, tap*

¿Me oiría mi abuela? Pensé que tenía que oírme. El frasco hacía un ruido bastante fuerte cada vez que daba contra la puerta. *Tap, tap, tap... tap, tap, tap...* Con tal de que no viniera nadie por el pasillo...

Pero la puerta no se abría. Decidí correr un riesgo.

—¡Abuela! —grité todo lo fuerte que pude—. ¡Abuela! ¡Soy yo! ¡Abreme!

Oí sus pasos sobre la alfombra y se abrió la puerta. Entré como una flecha.

—¡Lo conseguí! —grité, dando brincos—. ¡Lo tengo, abuela! ¡Mira, aquí está! ¡Un frasco entero!

Ella cerró la puerta. Se agachó, me cogió y me acarició.

—¡Ah, mi vida! —exclamó—. ¡Gracias a Dios que estás a salvo!

Cogió el frasquito y leyó la etiqueta en voz alta.

—Fórmula 86. Ratonizador de Acción Retardada. ¡Este frasco contiene quinientas dosis! ¡Eres estupendo, chiquillo! ¡Eres una maravilla! ¡Asombroso! ¿Cómo demonios conseguiste salir de su cuarto?

—Me escapé cuando entraron las brujas ancianas —le dije—. Fue todo un poco espeluznante, abuela. No me gustaría tener que repetirlo.

—¡Yo también la he visto! —dijo ella.

—Lo sé, abuela. Os oí hablar. ¿No crees que es absolutamente horrenda?

—Es una asesina —dijo mi abuela—. ¡Es la mujer más malvada del mundo entero!

—¿Viste su máscara? —pregunté.

—Es asombrosa —dijo mi abuela—. Es exactamente igual que una cara de verdad. Aunque yo sabía que era una máscara, no veía la diferencia. ¡Oh, cielo mío! ¡Creí que nunca te volvería a ver! ¡Estoy tan contenta de que escaparas!

Presentación de Bruno al Sr. y la Sra. Jenkins

Mi abuela me llevó a su habitación y me puso sobre la mesa. Colocó el valioso frasco a mi lado.

—¿A qué hora van a cenar esas brujas en el comedor? —preguntó.

—A las ocho— dije.

Ella miró su reloj.

—Ahora son las seis y diez —dijo—. Tenemos hasta las ocho para planear nuestro próximo paso.

De pronto, su mirada se posó sobre Bruno, que seguía en el frutero. Ya se había comido tres plátanos y estaba empezando el cuarto. Se había puesto inmensamente gordo.

—Ya basta —dijo mi abuela, levantándole del frutero y dejándole encima de la mesa—. Creo que es hora de devolver a este niño al seno familiar. ¿No estás de acuerdo, Bruno?

Bruno la miró ceñudo. Yo nunca había visto a un ratón fruncir el ceño, pero Bruno logró hacerlo.

—Mis padres me dejan comer todo lo que quiero —dijo—. Prefiero estar con ellos que con usted.

—Es natural —dijo mi abuela—. ¿Sabes dónde podrían estar tus padres en este momento?

—Estaban en la Sala no hace mucho —dije

yo—. Les vi sentados allí cuando pasamos corriendo para venir aquí.

—Bien —dijo mi abuela—. Vamos a ver si están allí todavía. ¿Quieres venir tú también? —añadió, mirándome.

—Sí, por favor —contesté.

—Os pondré a los dos en mi bolso —dijo ella—. Quedaros calladitos y escondidos. Si tenéis que asomaros de vez en cuando, no sacad más que el hocico.

Su bolso era grande y voluminoso, de piel negra, con un broche de carey. Nos cogió a Bruno y a mí y nos metió dentro.

—No cerraré el broche —dijo—. Pero tened cuidado de que no os vean.

Yo no tenía intención de quedarme escondido. Quería verlo todo. Me metí en un bolsillo lateral dentro del bolso, cerca del broche, y desde allí podía asomar la cabeza siempre que quisiera.

—Eh —dijo Bruno—. Deme el resto del plátano que estaba comiendo.

—Oh, bueno —dijo mi abuela—. Lo que sea con tal de que te calles.

Echó el plátano medio comido dentro del bolso, se colgó éste del brazo y salió de la habitación. Recorrió el pasillo dando golpecitos con su bastón.

Bajamos en el ascensor a la planta baja y

atravesamos el Salón de Lectura, camino de la Sala. Allí estaban, efectivamente, el señor y la señora Jenkins, sentados en un par de butacas con una mesita baja de cristal entre los dos. Había varios otros grupos de personas, pero los Jenkins eran la única pareja que estaba sola. El señor Jenkins estaba leyendo el periódico. La señora Jenkins estaba haciendo una labor de punto, grande, de color mostaza. Sólo mis ojos y mi nariz sobresalían del cierre del bolso, pero tenía una vista estupenda. Lo veía todo.

Mi abuela, vestida de encaje negro, cruzó la Sala golpeando el suelo con su bastón y se detuvo delante de la mesa de los Jenkins.

—¿Son ustedes el señor y la señora Jenkins? —preguntó.

El señor Jenkins la miró por encima de las páginas de su periódico y arrugó el entrecejo.

—Sí —dijo—. Soy el señor Jenkins. ¿En qué puedo servirla, señora?

—Me temo que tengo que darle una noticia bastante alarmante —dijo ella—. Se trata de su hijo, Bruno.

—¿Qué pasa con Bruno? —dijo el señor Jenkins.

La señora Jenkins levantó la vista, pero continuó haciendo punto.

—¿Qué ha hecho ahora ese granujilla? —dijo el señor Jenkins—. Una incursión en la cocina, supongo.

—Es algo peor que eso —dijo mi abuela—. ¿Podríamos ir a algún sitio más privado para que se lo cuente?

—¿Privado? —dijo el señor Jenkins—. ¿Por qué tenemos que estar en privado?

—No me resulta fácil explicarle lo que ha pasado —contestó mi abuela—. Preferiría que subiéramos a su habitación y nos sentáramos, antes de decirle más.

El señor Jenkins bajó el periódico. La señora Jenkins dejó de hacer punto.

—*No* quiero subir a mi habitación, señora —dijo el señor Jenkins—. Estoy muy bien aquí, muchas gracias.

Era un hombre grande y tosco que no estaba acostumbrado a que le dijeran lo que tenía que hacer.

—Haga el favor de decir lo que sea y luego déjenos solos —añadió.

Habló como si se dirigiera a alguien que estuviese intentando venderle una aspiradora en la puerta de su casa.

Mi pobre abuela, que había hecho todo lo posible por ser amable con ellos, empezó a enojarse también.

—No podemos hablar aquí —dijo—. Hay demasiada gente. Se trata de un asunto muy personal y delicado.

—Hablaré donde me dé la gana, señora —dijo el señor Jenkins—. Venga, ¡suéltelo! Si Bruno ha roto una ventana o le ha estrellado las gafas, yo pagaré los daños, ¡pero no pienso moverme de esta butaca!

Uno o dos de los grupos que había en la sala empezaron a mirarnos.

—Además, ¿dónde está Bruno? —dijo el señor Jenkins—. Dígale que venga aquí a verme.

—Ya está aquí —dijo mi abuela—. Está en mi bolso.

Dio unos golpecitos en su bolso, grande y blando, con el bastón.

—¿Qué rayos quiere decir con que está en su bolso? —gritó el señor Jenkins.

—¿Está usted tratando de gastarnos una broma? —dijo la señora Jenkins, muy estirada.

—Esto no es ninguna broma —dijo mi abuela—. Su hijo ha sufrido un desafortunado accidente.

—Siempre está sufriendo accidentes —dijo el señor Jenkins—. Come demasiado y luego padece de gases. Debería oírle después de cenar. ¡Parece una orquesta de viento! Pero con una buena dosis de aceite de ricino se pone bien en seguida. ¿Dónde está ese bribón?

—Ya se lo he dicho —contestó mi abuela—. Está en mi bolso. Pero realmente creo que sería mejor que fuéramos a un sitio privado antes de presentárselo en su estado actual.

—Esta mujer está loca —dijo la señora Jenkins—. Dile que se vaya.

—El hecho es que su hijo Bruno ha sido transformado drásticamente —dijo mi abuela.

—*¡Transformado!* —gritó el señor Jenkins—. ¿Qué diablos significa *transformado*?

—¡Váyase! —dijo la señora Jenkins—. ¡Es usted una vieja estúpida!

—Estoy tratando de decirles, lo más suavemente que puedo, que Bruno está realmente en mi bolso —dijo mi abuela—. Mi propio nieto las vio hacerlo.

—¿Vio a *quién* hacer *qué*, por Dios santo? —gritó el señor Jenkins.

Tenía un bigote negro que subía y bajaba cuando él gritaba.

—Vio a las brujas convertirle en un ratón —dijo mi abuela.

—Llama al director, querido —le dijo la señora Jenkins a su marido—. Haz que echen del hotel a esta loca.

En ese momento, a mi abuela se le acabó la paciencia. Rebuscó en su bolso y encontró a Bruno. Lo sacó y lo dejó sobre la mesa de cristal. La señora Jenkins echó una ojeada al gordo ratoncito pardo, que todavía estaba masticando un pedacito de plátano, y pegó un alarido que hizo vibrar la araña de cristal del techo. Salió disparada de su butaca, chillando.

—¡Es un ratón! ¡Retíralo! ¡No los soporto!

—Es Bruno —dijo mi abuela.

—¡Vieja descarada y odiosa! —gritó el señor Jenkins.

Se puso a darle papirotazos a Bruno con el periódico, intentando echarlo de la mesa. Mi abuela se lanzó hacia adelante y logró cogerlo antes de que lo tirara al suelo. La señora Jenkins seguía pegando berridos y el señor Jenkins nos amenazaba gritando.

—¡Fuera de aquí! ¿Cómo se atreve a asustar a mi mujer de esta manera? ¡Llévese de aquí a su asqueroso ratón ahora mismo!

—¡Socorro! —chillaba la señora Jenkins.

Su cara se había puesto del color de la panza de un pescado.

—Bueno, yo hice lo que pude —dijo mi abuela.

Con esas palabras, dio media vuelta y salió de la sala, llevándose a Bruno.

El plan

Cuando volvimos a su cuarto, mi abuela nos sacó de su bolso a Bruno y a mí y nos puso encima de la mesa.

—¿Por qué demonios no hablaste y le dijiste a tu padre quién eras? —le preguntó a Bruno.

—Porque tenía la boca llena —dijo él.

Saltó inmediatamente al frutero y siguió comiendo.

—Qué niño más desagradable eres —le dijo mi abuela.

—Niño, no —dije yo—. Ratón.

—Tienes razón, cielo. Pero ahora no tenemos tiempo de preocuparnos de él. Tenemos que hacer planes. Dentro de una hora y media aproximadamente, todas las brujas bajarán a cenar al comedor. ¿Verdad?

—Verdad —dije.

—Y hay que darles una dosis de Ratonizador a cada una —dijo—. ¿Cómo rayos vamos a hacerlo?

—Abuela, creo que olvidas que un ratón puede entrar en sitios donde no pueden entrar las personas.

—Eso es cierto —dijo—. Pero ni siquiera un ratón puede pasearse por la mesa, llevando un frasco y rociando la carne asada de las brujas con Ratonizador, sin que le vean.

—No pensaba hacerlo en el comedor —dije.

—Entonces, ¿dónde? —preguntó ella.

—En la cocina, cuando estén preparando su cena.

Mi abuela me contempló.

—Mi querido chiquillo —dijo lentamente—, creo que convertirte en un ratón ha duplicado tu capacidad mental.

—Un ratoncito puede corretear entre los cacharros de la cocina, sin que nadie le vea, si tiene mucho cuidado.

—¡Brillante! —exclamó ella—. ¡Creo que ésa es la idea!

—El único problema —dije— es cómo voy a saber qué comida es para ellas. No quiero echarlo en otra olla por equivocación. Sería desastroso que me equivocara y convirtiera en ratones a todos los huéspedes, y sobre todo, a ti, abuela.

—Entonces, tendrás que colarte en la cocina, encontrar un buen escondite y esperar... y escuchar. Quédate en un rinconcito oscuro, escuchando y escuchando todo lo que digan los cocineros... y, con un poco de suerte, alguien te dará una pista. Siempre que tienen que cocinar para un grupo grande, preparan su comida por separado.

—De acuerdo —dije—. Eso es lo que haré. Me quedaré allí y escucharé, esperando un golpe de suerte.

—Va a ser muy peligroso —dijo ella—. Nadie se alegra de ver a un ratón en una cocina. Si te ven, te aplastarán.

—No dejaré que me vean.

—No olvides que llevarás el frasco —dijo ella— y, por lo tanto, no podrás ser tan ágil y rápido.

—Puedo correr bastante rápido sobre las patas traseras, sosteniendo el frasco con las delanteras —dije—. Acabo de hacerlo, ¿no recuerdas? Vine todo el camino desde el cuarto de La Gran Bruja con el frasco.

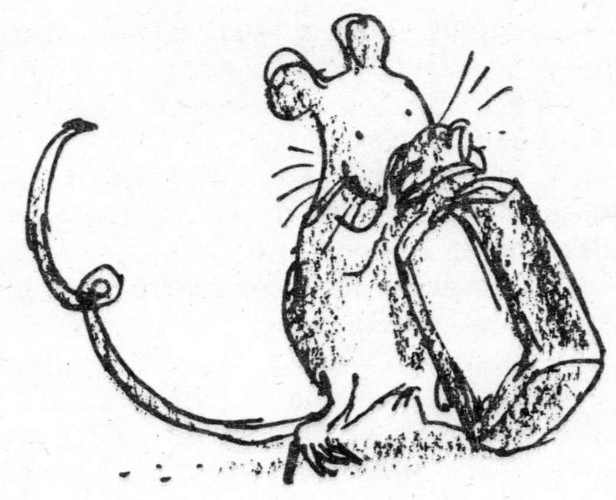

—¿Y desenroscar el tapón? —dijo mi abuela—. Puede que eso te resulte difícil.

—Voy a probar —dije.

Cogí el frasquito y, utilizando las dos patas delanteras, comprobé que podía desenroscar el tapón con facilidad.

—Estupendo —dijo mi abuela—. Realmente eres un ratón listísimo.

Miró su reloj otra vez.

—Son las siete y media —dijo—. Voy a bajar a cenar en el comedor llevándote en mi bolso. Te soltaré debajo de la mesa con el frasquito y, a partir de ahí, tendrás que arreglártelas tú solo. Tendrás que atravesar el comedor, sin ser visto, hasta llegar a la puerta de la cocina. Los camareros estarán entrando y saliendo por esa puerta continuamente. Tendrás que elegir el momento oportuno para colarte detrás de uno de ellos, pero, por amor de Dios, ten cuidado de que no te pisen o de que no te aplaste la puerta.

—Procuraré que no —dije.

—Y, pase lo que pase, no dejes que te cojan.

—No sigas, abuela. Me estás poniendo nervioso.

—Eres muy valiente —dijo ella—. Y te quiero mucho.

—¿Qué hacemos con Bruno? —le pregunté.

Bruno me miró.

—Voy con vosotros —dijo, con la boca llena de plátano—. ¡No me voy a quedar sin cenar!

Mi abuela lo pensó un momento.

—Te llevaré —le dijo— si prometes quedarte en mi bolso, muy calladito.

—¿Me pasará usted comida? —preguntó Bruno.

—Sí —dijo ella—, si prometes portarte bien. ¿Te gustaría a ti comer algo, cariño? —me preguntó.

—No, gracias —contesté—. Estoy demasiado nervioso para comer y, además, tengo que estar en buena forma, espabilado y ligero, para la tarea que me espera.

—Ciertamente es una gran tarea —dijo mi abuela—. Nunca harás otra mayor.

En la cocina

—¡Ya es la hora! —dijo mi abuela—. ¡Ha llegado el gran momento! ¿Estás listo, cariño?

Eran exactamente las siete y media. Bruno estaba en el frutero, terminando su quinto plátano.

—Espere —dijo—. Sólo unos mordiscos más.

—¡No! —dijo mi abuela—. ¡Tenemos que irnos!

Le cogió y lo apretó en su mano. Estaba muy tensa y nerviosa. Yo nunca la había visto así antes.

—Ahora voy a poneros a los dos en mi bolso —dijo—, pero dejaré el broche abierto.

Metió a Bruno primero. Yo esperé, apretando el frasquito contra mi pecho.

—Ahora tú —me cogió y me dio un besito en la nariz—. Buena suerte, cielo. Ah, a propósito, te das cuenta de que tienes cola, ¿no?

—Tengo ¿qué? —dije.

—Cola. Una cola larga y rizada.

—La verdad es que no se me había ocurrido —dije—. ¡Caramba! ¡Pues es verdad! ¡Ahora la veo! ¡Y puedo moverla! Es bonita, ¿verdad?

—Lo he mencionado porque podría serte útil cuando estés trepando por la cocina —dijo mi abuela—. Puedes enroscarla en algo y balancearte y descender colgando de ella.

—Ojalá lo hubiera sabido antes —dije—. Hubiera practicado para saber usarla.

—Ya no hay tiempo —dijo mi abuela—. Tenemos que irnos.

Me metió en el bolso con Bruno y en seguida tomé mi sitio habitual en el bolsillito interior, para poder asomar la cabeza y ver lo que pasaba.

Mi abuela cogió su bastón, salió al pasillo y fue al ascensor. Apretó el botón, subió el ascensor y entró. No había nadie más.

—Escucha —dijo—. No podré hablarte apenas cuando estemos en el comedor. Si lo hago la gente pensará que estoy majareta y hablo sola.

El ascensor llegó a la planta baja y se detuvo bruscamente. Mi abuela salió, cruzó el vestíbulo del hotel y entró en el comedor. Era una sala inmensa con adornos dorados en el techo y grandes espejos en las paredes. Los huéspedes fijos tenían mesas reservadas y la mayoría estaban ya sentados empezando a cenar. Los camareros bullían por el local, llevando platos y fuentes. Nuestra mesa era pequeña y estaba situada a la derecha, junto a la pared, hacia el centro. Mi abuela se dirigió a ella y se sentó.

Atisbando por encima del cierre del bolso, vi en el centro del comedor dos mesas largas que aún estaban vacías. En cada una de ellas había un cartelito sobre una especie de barrita de plata. El cartelito decía: RESERVADO PARA LOS MIEMBROS DE LA RSPCN.

Mi abuela miró hacia las mesas largas, pero no dijo nada. Desplegó su servilleta y la extendió sobre el bolso encima de su regazo. Su mano se deslizó por debajo de la servilleta y me cogió tiernamente. Tapado con la servilleta, me acercó a su cara y susurró:

—Voy a ponerte en el suelo debajo de la mesa. El mantel llega casi hasta el suelo, así que nadie te verá. ¿Tienes bien agarrado el frasco?

—Sí —murmuré—. Estoy listo, abuela.

Justo entonces, un camarero vestido de negro se acercó a nuestra mesa. Yo veía sus piernas por debajo de la servilleta y, tan pronto oí su voz, le reconocí. Se llamaba William.

—Buenas noches, señora —le dijo a mi abuela—. ¿Dónde está el caballerito esta noche?

—No se encontraba muy bien —dijo ella—. Se ha quedado en su cuarto.

—Lo siento —dijo William—. Hoy tenemos puré de guisantes de primero y, de segundo, puede elegir entre filete de lenguado a la plancha o cordero asado.

—Para mí, puré de guisantes y cordero asado —dijo mi abuela—. Pero sin prisas, William. Esta noche no tengo prisa. Tráigame una copa de jerez seco antes de la cena.

—Desde luego, señora —dijo William, y se alejó.

Mi abuela fingió que se le había caído algo y, al agacharse, me dejó en el suelo bajo la mesa.

—¡Ve, cariño, ve! —murmuró, y luego se enderezó.

Ahora estaba solo. Estaba de pie, agarrando el frasco. Sabía exactamente dónde estaba la puerta de la cocina. Tenía que recorrer como la mitad del comedor para llegar a ella. Allá va, pensé, y me lancé como un rayo hacia la pared. No tenía intención de cruzar el suelo del comedor. Era demasiado arriesgado. Mi plan era ir pegado al rodapié hasta la puerta de la cocina.

Corrí. Oh, cómo corrí. Creo que nadie me vio. Estaban todos demasiado ocupados en comer. Pero, para llegar a la puerta que conducía a la cocina, tenía que cruzar la puerta principal del comedor. Estaba a punto de hacerlo cuando entró una riada de mujeres. Me apreté contra la pared sujetando mi frasco. Al principio, sólo vi los zapatos y los tobi-

llos de las mujeres que pasaban por la puerta en tropel, pero cuando levanté un poco la mirada, supe en seguida quiénes eran. ¡Eran las brujas, que entraban a cenar!

Esperé hasta que pasaron todas junto a mí, y luego me precipité hacia la puerta de la cocina. Un camarero la abrió para entrar. Me colé tras él y me escondí detrás de un gran cubo de basura. Me quedé allí varios minutos, escuchando todas las conversaciones y el jaleo. ¡Madre mía, qué barullo había en esa cocina! ¡Qué ruido! ¡Y el vapor! ¡Y el estrépito de los cacharros! ¡Y todos los cocineros gritando! ¡Y todos los camareros entrando y saliendo apresuradamente y gritando los pedidos a los cocineros!

—¡Cuatro purés y dos corderos y dos lenguados para la mesa veintiocho! ¡Tres tartas de manzana y dos helados de fresa para la número diecisiete!

Y así todo el rato.

Encima de mí, no muy alta, había un asa que sobresalía del cubo de basura. Sin soltar el frasco, di un salto, una voltereta en el aire, y me agarré al asa con el extremo del rabo. Allí estaba, balanceándome cabeza abajo. Era estupendo. Me encantó. *Así es,* me dije, *como debe de sentirse un trapecista cuando vuela por el aire, allá en lo alto, bajo la lona del circo.*

La única diferencia es que su trapecio solamente se balancea hacia detrás y hacia delante. Mi trapecio (mi rabo) me balanceaba en cualquier dirección que yo deseara. Quizá iba a convertirme en un ratón de circo, después de todo.

En ese momento, entró un camarero con un plato en la mano y dijo:

—¡La vieja de la mesa catorce dice que esta carne está demasiado dura! ¡Quiere otra ración!

—¡Dame su plato! —dijo uno de los cocineros.

Me dejé caer al suelo y miré por un lado del cubo de basura. Vi al cocinero retirar la carne del plato y poner otro trozo. Luego dijo:

—¡Venga, chicos, ponedle un poco de salsa!

Fue pasando el plato a todos los que había en la cocina y ¿sabéis lo que hicieron? ¡Todos los cocineros y los pinches escupieron en el plato de la vieja señora!

—¡Seguro que ahora le gusta! —dijo el cocinero, entregándole el plato al camarero.

En seguida entró otro camarero y gritó:

—¡Todas las del grupo RSPCN quieren el puré!

Entonces me puse alerta y escuché atentamente. Era todo oídos. Avancé un poco por un lado del cubo de basura para poder ver todo lo que pasaba en la cocina. Un hombre con un gorro blanco alto, que debía de ser el cocinero jefe, dijo:

—¡Poned el puré del grupo grande en la sopera de plata grande!

Vi al cocinero jefe poner un enorme recipiente de plata sobre un banco de madera que corría todo a lo largo de la pared opuesta de la cocina. *En esa sopera de plata es donde van a poner el puré,* me dije, *así que ahí es donde tiene que ir también el mejunje de mi frasquito.*

Me fijé en que cerca del techo, encima del banco de madera, había un estante largo abarrotado de cacerolas y sartenes. *Si consigo subirme a ese estante,* pensé, *está hecho. Estaré directamente sobre la sopera de plata.*

Pero primero tengo que llegar al otro lado de la cocina y subirme al estante intermedio. ¡Se me ocurrió una gran idea! Una vez más, salté y enganché con la cola el asa del cubo de basura.

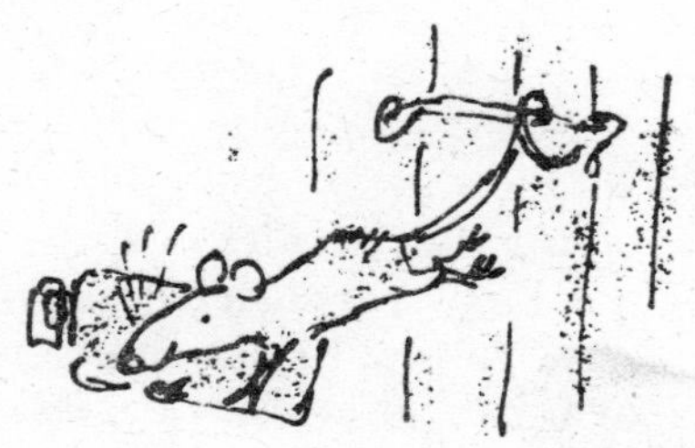

Entonces, colgando cabeza abajo, empecé a balancearme. Cada vez más alto. Me acordaba del trapecista que había visto en el circo en las vacaciones de Semana Santa, y del modo en que hacía ba-

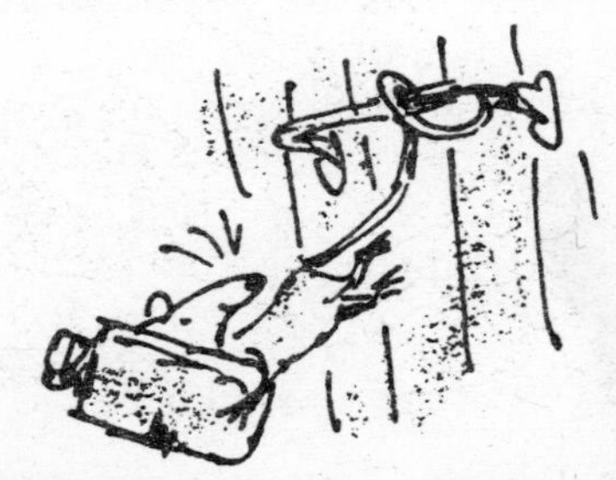

lancearse el trapecio más y más alto para luego lanzarse por los aires. Así que, justo en el momento oportuno, en el punto más elevado de mi balanceo, me solté del asa y salí disparado a través de la cocina, ¡e hice un aterrizaje perfecto en el estante intermedio!

¡Qué maravillas puede hacer un ratón! ¡Y eso que sólo soy un principiante!, pensé.

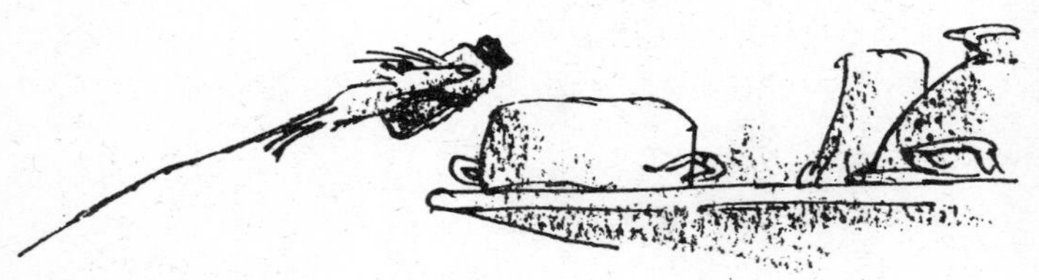

Nadie me había visto. Estaban todos demasiado atareados con sus cacharros. Desde el estante intermedio logré trepar por una pequeña cañería que había en el rincón, y en un periquete estaba encima del estante superior, justo debajo del techo, entre las cacerolas y las sartenes. Sabía que allí arriba nadie podría verme. Era una posición sensacional. Empecé a avanzar a lo largo del estante hasta que estuve directamente sobre la gran sopera de plata vacía donde iban a servir la sopa. Dejé el frasco en el estante. Desenrosqué el tapón, empujé el frasco hasta el borde y rápidamente volqué su contenido directamente en la sopera.

Un momento después, uno de los cocineros vino con una olla inmensa llena de humeante puré verde y lo echó todo en la sopera de plata. Puso la tapa encima y gritó:

—¡El puré del grupo grande ya está listo!

Entonces se acercó un camarero y se llevó la sopera.

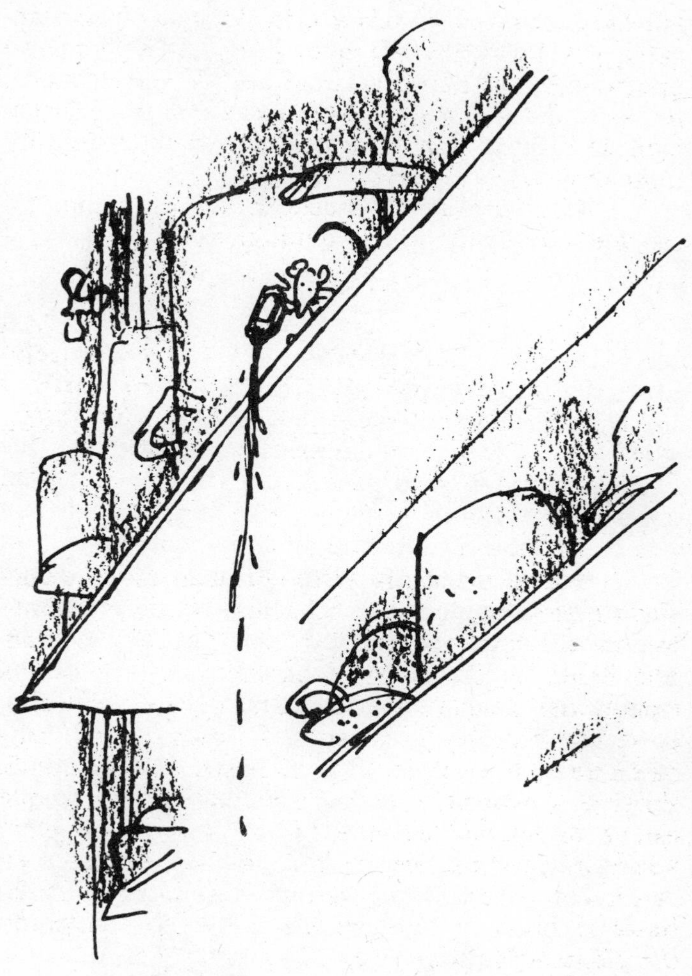

¡Lo había logrado! Aunque nunca volviese a ver a mi abuela, ¡las brujas se tomarían su Ratonizador! Dejé el frasco vacío detrás de una olla grande y empecé a retroceder por el estante superior. Sin el frasco, me resultaba mucho más fácil moverme. Empecé a utilizar la cola cada vez más. Me co-

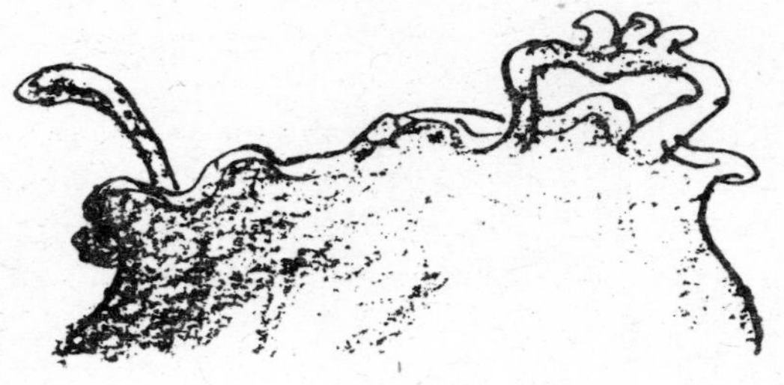

lumpié del asa de una cacerola al asa de otra todo el recorrido, mientras allá abajo, los cocineros y los camareros se ajetreaban de un lado para otro, y las ollas humeaban y las sartenes salpicaban y las cazuelas hervían y yo pensaba, *¡Esto es vida! ¡Qué divertido es ser un ratón y tener una emocionante misión!* Seguí columpiándome divinamente de un mango a otro, y me estaba divirtiendo tanto, que me olvidé por completo de que cualquiera que mirara hacia arriba por casualidad podía verme perfectamente. Lo que sucedió entonces fue tan rápido que no tuve tiempo de ponerme a salvo.

Oí una voz de hombre que chillaba.

—¡Un ratón! ¡Mirad ese asqueroso ratón!

Vislumbré debajo de mí una figura vestida de blanco con un gorro alto y luego, un relámpago de acero, cuando un cuchillo de cocina cortó el aire y sentí un trallazo de dolor en el extremo del rabo y, de pronto, estaba cayendo de cabeza al suelo.

Incluso mientras caía, supe lo que acababa de ocurrir. Comprendí que me habían cercenado la punta de la cola y que estaba a punto de estrellarme contra el suelo, y que todo el mundo en la cocina me perseguiría.

—¡Un ratón! —chillaban—. ¡Un ratón! ¡Cógelo, rápido!

Di contra el suelo, salté y eché a correr para salvar mi vida. Por todas partes había grandes botas negras pisoteando, y yo regateaba y corría y corría, torciendo, girando, sorteando obstáculos por todo el suelo de la cocina.

—¡Cogedle! —gritaban—. ¡Matadle! ¡Aplastadle!

Todo el suelo parecía estar ocupado por botas negras que intentaban pisotearme y yo las evitaba, las rodeaba, daba vueltas y luego, en pura desesperación, sin saber bien lo que hacía, buscando un sitio donde esconderme, ¡me metí por la pernera del pantalón de un cocinero y me aferré a su calcetín!

—¡Ah! —gritó el cocinero—. ¡Se ha metido por mi pantalón! ¡Estaros quietos! ¡Esta vez le atraparé!

El hombre se daba palmadas en la pierna y ahora sí que me iba a aplastar si yo no huía rápidamente. Sólo podía ir en una dirección: hacia arriba. Clavé mis garras en la peluda pierna y trepé por ella, cada vez más arriba, subiendo por la pantorrilla y la rodilla hasta el muslo.

—¡Caramba! ¡Qué barbaridad! —chillaba el hombre—. ¡Me está subiendo por toda la pierna!

Oí risotadas de todos los demás cocineros, pero os aseguro que yo no tenía ganas de reír. Yo corría para salvarme. Las manos del hombre seguían dando fuertes palmadas muy cerca de mí y él no paraba de saltar, como si estuviese pisando ascuas, y yo continuaba trepando y esquivando, y pronto llegué a todo lo alto de la pernera del pantalón y ya no pude seguir.

—¡Socorro! ¡Socorro! ¡Socorro! —chillaba el hombre—. ¡Lo tengo en los calzoncillos! ¡Está correteando por dentro de mis calzoncillos! ¡Sacadlo! ¡Que alguien me ayude a sacarlo!

—¡Quítate los pantalones, idiota! ¡Bájate los pantalones y le cogeremos! —gritó alguien.

Yo estaba ahora en el centro de los pantalones del hombre, en el punto donde se unen las dos perneras y empieza la cremallera. Aquello estaba oscuro y muy caliente. Comprendí que tenía que encontrar una salida. Seguí adelante y encontré la otra pernera. Bajé por ella a la velocidad del rayo y salí por abajo y volví a pisar el suelo. Oí que el estúpido cocinero gritaba todavía.

—¡Está en mis pantalones! ¡Sacadlo! ¡Por favor, que alguien me ayude a cogerlo antes de que me muerda!

Tuve una fugaz visión de todo el personal de la cocina rodeándole y partiéndose de risa, y nadie vio al ratoncito pardo que cruzaba velozmente la cocina y se sumergía en un saco de patatas.

Me abrí paso entre las sucias patatas y contuve la respiración.

El cocinero debía de haber empezado a quitarse los pantalones, porque ahora estaban gritando:

—¡No está ahí! ¡No hay ningún ratón ahí, imbécil!

—¡Lo había! ¡Juro que lo había! —gritaba

el hombre—. ¡Nunca habéis tenido un ratón en los pantalones! ¡No sabéis lo que es!

El hecho de que un ser tan chiquitito como yo hubiese causado tal conmoción entre una pandilla de hombres mayores me daba una sensación de ale-

gría. Sonreí, a pesar del dolor que tenía en el rabo.

Me quedé donde estaba hasta que me aseguré de que ya se habían olvidado de mí. Luego me arrastré entre las patatas y, cautelosamente, asomé la cabecita por el borde del saco. En la cocina había otra vez un gran ajetreo de cocineros y camareros yendo y viniendo. Vi al camarero que había entrado antes con la queja sobre la carne dura volver a entrar.

—¡Eh, chicos! —gritó—. Le pregunté a la vieja si el nuevo trozo de carne era mejor y me dijo que estaba riquísimo. ¡Dijo que estaba realmente sabroso!

Yo tenía que salir de aquella cocina y volver con mi abuela. Sólo había una manera de hacerlo. Tenía que cruzar el suelo como una flecha y pasar por la puerta detrás de algún camarero. Me que-

dé quieto, esperando mi oportunidad. La cola me dolía terriblemente. La doblé hacia delante para mirármela. Le faltaban unos cinco centímetros y sangraba mucho. Había un camarero cargando un montón de platos llenos de helado de fresa. Llevaba uno en cada mano y dos más en equilibrio sobre cada brazo. Se dirigió a la puerta. La abrió empujando con un hombro. Salté del saco de patatas, crucé la cocina y entré en el comedor como una exhalación y no paré de correr hasta que estuve debajo de la mesa de mi abuela.

Era maravilloso volver a ver los pies de mi abuela con sus anticuados zapatos negros con trabillas y botones. Trepé por una de sus piernas y aterricé en su regazo.

—¡Hola, abuela! —murmuré—. ¡Ya estoy aquí! ¡Lo conseguí! ¡Lo eché todo en su puré!

Su mano bajó y me acarició.

—¡Bien hecho, cariño! —murmuró ella—. ¡Magnífico! ¡En este momento se están tomando ese puré!

De pronto, retiró la mano.

—¡Estás sangrando! —susurró—. ¿Qué te ha pasado, cielo?

—Uno de los cocineros me cortó la cola con un cuchillo de cocina —dije bajito—. Duele como un demonio.

—Déjame verla —dijo ella. Inclinó la cabeza y me examinó la cola—. Pobrecito mío. Voy a vendártela con mi pañuelo. Así dejará de sangrar.

Sacó de su bolso un pañuelito bordeado de encaje y se las arregló para envolverme la cola con él.

—Ahora te pondrás bien —dijo—. Intenta olvidarte del dolor. ¿De verdad lograste echar todo el frasco en su puré?

—Hasta la última gota —contesté—. ¿Crees que podrías ponerme en algún sitio donde pueda verlas?

—Sí —contestó—. Mi bolso está en tu silla vacía, a mi lado. Te meteré allí y puedes asomarte un poquito, siempre que tengas mucho cuidado de que no te vean. Bruno también está allí, pero no le hagas caso. Le he dado un panecillo y eso le mantendrá ocupado durante un rato.

Su mano se cerró sobre mí, me alzó de su regazo y me trasladó al bolso.

—Hola, Bruno —dije.

—Este panecillo está muy bueno —dijo, sin cesar de comer, en el fondo del bolso—. Pero me gustaría que tuviera mantequilla.

Miré por encima del cierre del bolso. Veía perfectamente a las brujas, sentadas en las dos mesas largas en el centro de la sala. Ya habían terminado el puré y los camareros estaban recogiendo los platos. Mi abuela había encendido uno de sus asquerosos puros y estaba echando humo por todos lados. A nuestro alrededor, los veraneantes que se hospedaban en este elegante hotel charlaban y devoraban sus cenas. La mitad de ellos eran ancianos con bastón, pero también había muchas familias formadas por un marido, una esposa y varios niños. Todos eran gente de dinero. Había que serlo para poder hospedarse en el Hotel Magnífico.

—¡Esa es ella, abuela! —murmuré—. ¡Esa es La Gran Bruja!

—¡Lo sé! —contestó mi abuela en un murmullo—. ¡Es la menudita de negro que está a la cabecera de la mesa más próxima!

—¡Ella podría matarte! —susurré—. ¡Podría matar a cualquiera en este comedor con sus chispas candentes!

—¡Cuidado! —dijo mi abuela en voz baja—. ¡Viene el camarero!

Desaparecí dentro del bolso y desde allí oí a William decir:

—Su cordero, señora. ¿Qué verdura prefiere? ¿Guisantes o zanahorias?

—Zanahorias, por favor —dijo mi abuela.

Oí los ruidos de servir las zanahorias. Luego hubo una pausa. Después la voz de mi abuela murmuró:

—Está bien. Ya se ha ido.

Saqué la cabeza otra vez.

—¿Seguro que nadie verá asomar mi cabeza?

—No —dijo mi abuela—. Supongo que no. Mi problema es que tengo que hablarte sin mover los labios.

—Lo haces divinamente —dije.

—He contado las brujas —dijo ella—. No hay tantas como tú pensabas. Era sólo un cálculo cuando dijiste doscientas, ¿no?

—A mí me parecieron doscientas —dije.

—Yo también me equivoqué —dijo—. Pensé que había muchas más brujas en Inglaterra.

—¿Cuántas hay? —pregunté.

—Ochenta y cuatro —contestó.

—Había ochenta y cinco —dije—, pero a una la frieron.

En ese momento vi al señor Jenkins, el padre de Bruno, dirigiéndose a nuestra mesa.

—Cuidado, abuela —dije—. ¡Aquí viene el padre de Bruno!

El Sr. Jenkins y su hijo

El señor Jenkins se acercó a nuestra mesa a zancadas y con expresión decidida.

—¿Dónde está ese nieto suyo? —le preguntó a mi abuela.

Hablaba de modo grosero y parecía muy enfadado. Mi abuela le dirigió una mirada helada y no le contestó.

—Sospecho que él y mi hijo Bruno están haciendo alguna diablura —continuó el señor Jenkins—. Bruno no ha aparecido para cenar, ¡y tiene que ocurrir algo muy gordo para que ese chico se pierda la cena!

—Debo reconocer que tiene un saludable apetito —dijo mi abuela.

—Mi impresión es que también *usted* está metida en esto —dijo el señor Jenkins—. No sé quién demonios es usted, ni me importa, pero usted nos gastó una broma muy desagradable a mí y a mi mujer esta tarde. Nos puso un asqueroso ratón sobre la mesa. Eso me hace pensar que los tres están metidos en algo. Así que, si sabe usted dónde está escondido Bruno, haga el favor de decírmelo en seguida.

—Yo no les gasté ninguna broma —dijo mi abuela—. Ese ratón que intenté entregarle era su propio hijo, Bruno. Estaba portándome amablemente con ustedes. Estaba tratando de devolverle al seno de su familia. Usted se negó a aceptarle.

—¿Qué diablos quiere usted decir, señora? —gritó el señor Jenkins—. ¡Mi hijo no es un *ratón*!

Su bigote negro subía y bajaba como loco mientras él hablaba.

—¡Vamos, mujer! ¿Dónde está? ¡Suéltelo de una vez! —vociferó.

La familia de la mesa más próxima a nosotros había dejado de comer y miraba abiertamente al señor Jenkins. Mi abuela seguía fumando tranquilamente su puro negro.

—Comprendo muy bien su indignación, señor Jenkins —dijo ella—. Cualquier otro padre inglés estaría tan furioso como usted. Pero en Noruega, de donde yo soy, estamos muy acostumbrados a este tipo de sucesos. Hemos aprendido a aceptarlos como parte de la vida cotidiana.

—¡Usted debe de estar loca! —gritó el señor Jenkins—. ¿Dónde está Bruno? ¡Si no me lo dice en seguida, llamaré a la policía!

—Bruno es un ratón —dijo mi abuela, tan tranquila como siempre.

—¡Por supuesto que *no* es un ratón! —gritó el señor Jenkins.

—¡Sí que lo soy! —dijo Bruno, asomando la cabeza fuera del bolso.

El señor Jenkins pegó un salto de un metro.

—Hola, papá —dijo Bruno.

Tenía una especie de boba sonrisita ratonil en la cara.

El señor Jenkins abrió tanto la boca que yo pude verle los empastes de oro de las muelas de atrás.

—No te preocupes, papá —siguió Bruno—. No es tan terrible. Mientras que no me atrape el gato.

—¡B-B-Bruno! —tartamudeó el señor Jenkins.

—¡Ya no tendré que ir al cole! —dijo Bruno,

con una amplia y estúpida sonrisa ratonil—. ¡Ni haré deberes! ¡Viviré en el armario de la cocina y me forraré de pasas y de miel!

—¡P-P-Pero B-B-Bruno! —tartamudeó otra vez su padre—. ¿C-Cómo ha sucedido esto?

Al pobre hombre le faltaba el aliento.

—Las brujas —dijo mi abuela—. Lo han hecho las brujas.

—¡Yo no puedo tener un ratón por hijo! —aulló el señor Jenkins.

—Pues ya lo tiene —dijo mi abuela—. Sea bueno con él, señor Jenkins.

—¡Mi mujer se pondrá histérica! —dijo el señor Jenkins—. ¡No puede soportar a esos bichos!

—Tendrá que acostumbrarse a él —dijo mi abuela—. Espero que no tengan ustedes un gato en casa.

—¡Sí que lo tenemos! ¡Sí! —gritó el señor Jenkins—. ¡Topsy es el gran amor de mi mujer!

—Pues tendrán que deshacerse de Topsy —dijo mi abuela—. Su hijo es más importante que su gato.

—¡Por supuesto que sí! —gritó Bruno desde el interior del bolso—. ¡Dile a mamá que se deshaga de Topsy antes de que yo vuelva a casa!

A estas alturas, la mitad del comedor observaba a nuestro grupito. Habían dejado los cuchillos, los tenedores y las cucharas en el plato y todos volvían la cabeza para mirar al señor Jenkins, allí parado, balbuciendo y gritando. No nos veían ni a Bruno ni a mí y se preguntaban a qué se debía todo aquel jaleo.

—A propósito —dijo mi abuela—, ¿le gustaría saber quién le hizo esto a Bruno?

Había una sonrisita pícara en su cara y yo comprendí que estaba a punto de meter al señor Jenkins en problemas.

—¿Quién? —gritó él—. ¿Quién lo hizo?

—Esa mujer que está allí —dijo mi abuela—. La bajita del traje negro que está a la cabecera de la mesa larga.

—¡Pero si es de la RSPCN! —gritó el señor Jenkins—. ¡Es la Presidenta!

—No, no lo es —dijo mi abuela—. Es La Gran Bruja del Mundo Entero.

—¿Quiere decir que fue *ella,* esa mujercita flaca de allí? —gritó el señor Jenkins, señalándola con un dedo—. ¡Tendrá que vérselas con mis abogados! ¡La haré pagar por esto!

—Le aconsejo que no se precipite —dijo mi

abuela—. Esa mujer tiene poderes mágicos. Puede decidir convertirle a *usted* en algo aún peor que un ratón. En una cucaracha, por ejemplo.

—¿Convertirme a *mí* en una *cucaracha*! —chilló el señor Jenkins, hinchando el pecho—. ¡No se atreverá a intentarlo!

Dio media vuelta y echó a andar hacia la mesa de La Gran Bruja. Mi abuela y yo nos quedamos mirándole. Bruno había saltado sobre la mesa y también miraba a su padre. Prácticamente todas las personas que había en el comedor estaban ya observando al señor Jenkins. Yo permanecí donde estaba, asomando la cabeza por fuera del bolso. Pensé que era más sensato no moverse.

El triunfo

El señor Jenkins apenas había avanzado unos pasos en dirección a la mesa de La Gran Bruja, cuando un penetrante alarido se alzó por encima de todos los demás ruidos del comedor y, al mismo tiempo, ¡vi que La Gran Bruja saltaba por los aires!

Ahora estaba de pie sobre su silla, chillando...

Ahora, encima de la mesa, agitando los brazos...

—¿Qué está pasando, abuela?

—¡Espera! —dijo la abuela—. Calla y observa.

De pronto, todas las demás brujas, más de ochenta, empezaron a gritar y a saltar de sus asientos como si les hubieran clavado un pincho en el trasero. Unas se subieron a las sillas, otras a las mesas, y todas se retorcían y movían los brazos de un modo rarísimo.

Luego, de repente, se quedaron calladas.

Después se pusieron rígidas. Todas y cada una de las brujas se quedaron tan tiesas y silenciosas como un cadáver.

Todo el comedor permaneció mortalmente quieto.

—¡Se están encogiendo, abuela! —dije—. ¡Se están encogiendo como me pasó a mí!

—Lo sé —dijo mi abuela.

—¡Es el Ratonizador! —grité—. ¡Mira! ¡A algunas les está saliendo pelo en la cara! ¿Por qué les hace efecto tan rápido, abuela?

—Te lo diré —dijo mi abuela—. Porque todas ellas han tomado grandes sobredosis, lo mismo que tú. ¡Eso ha destrozado el mecanismo del despertador!

Todo el mundo se había levantado para ver mejor la escena. Algunas personas se acercaban. Estaba empezando a formarse un gentío en torno a las dos mesas largas. Mi abuela nos levantó a Bruno y a mí para que no nos perdiéramos nada del espectáculo. Estaba tan excitada que se subió a su silla,

para poder ver por encima de las cabezas de la gente.

En unos segundos más, todas las brujas habían desaparecido por completo y las dos mesas largas eran un hervidero de ratoncitos pardos.

Por todo el comedor las mujeres chillaban y hombres serios y fuertes se ponían blancos y gritaban «¡Esto es una locura! ¡Esto no puede suceder! ¡Vámonos de aquí en seguida!». Los camareros atacaban a los ratones con las sillas, las botellas de vino o lo que encontraran a mano. Vi a un cocinero con un gorro alto blanco salir corriendo de la cocina blandiendo una sartén, y a otro detrás de él, agitando un cuchillo de trinchar por encima de su cabeza. Todo el mundo gritaba «¡Ratones! ¡Ratones! ¡Ratones! ¡Tenemos que librarnos de los ratones!». Sólo los niños que había allí se lo estaban pasando realmente bien. Todos ellos parecían comprender instintivamente que lo que estaba ocurriendo allí, delante de ellos, era algo bueno, y aplaudían y daban vivas y se reían como locos.

—Es hora de irnos —dijo mi abuela—. Nuestra tarea ha terminado.

Se bajó de la silla, cogió su bolso y se lo colgó del brazo. Me llevaba a mí en la mano derecha y a Bruno en la izquierda.

—Bruno —dijo—, ha llegado el momento de devolverte al famoso seno de tu familia.

—A mi mamá no le entusiasman los ratones —dijo Bruno.

—Ya lo he notado —dijo mi abuela—. Pero seguro que se acostumbrará a ti, ¿verdad?

No fue difícil encontrar al señor y la señora Jenkins. La aguda voz de la señora se oía por todo el comedor.

—¡Herbert! —chillaba—. ¡Herbert! ¡Sácame de aquí! ¡Hay ratones por todas partes! ¡Se me van a subir por las piernas!

Había puesto los brazos alrededor del cuello

de su marido y, desde donde yo estaba, parecía que estaba colgada de él.

Mi abuela se aproximó a ellos y puso a Bruno en la mano del señor Jenkins por la fuerza.

—Aquí tiene a su niño —dijo—. Debe ponerle a régimen.

—Hola, papi —dijo Bruno—. Hola, mami.

La señora Jenkins berreó todavía más fuerte. Mi abuela, llevándome en su mano, dio media vuelta y se marchó del comedor. Atravesó el vestíbulo del hotel y salió por la puerta principal, al aire libre.

Fuera, hacía una noche maravillosa y yo oí las olas que rompían en la playa, al otro lado de la carretera.

—¿Se puede conseguir un taxi aquí? —le preguntó mi abuela al portero, un hombre alto con un uniforme verde.

—Desde luego, señora —dijo él.

Se puso dos dedos en la boca y lanzó un largo y agudo silbido. Yo le miré con envidia. Había estado varias semanas intentando silbar de ese modo, pero no lo conseguí ni una vez. Ya no podría conseguirlo nunca.

Llegó el taxi. El taxista era un hombre maduro con un espeso bigote negro que le caía sobre la boca como las raíces de una planta.

—¿Dónde vamos, señora? —preguntó.

De pronto me vio, un ratoncito acurrucado en la mano de mi abuela.

—¡Vaya! —dijo—. ¿Qué es eso?

—Es mi nieto —dijo mi abuela—. Por favor, llévenos a la estación.

—Siémpre me gustaron los ratones —dijo el viejo taxista—. Tenía montones de ellos cuando era pequeño. Los ratones son los animales que se reproducen más rápidamente, ¿lo sabía, señora? Así que, si ése es su nieto, calculo que dentro de dos semanas tendrá usted unos cuantos *biznietos* para hacerle compañía.

—Llévenos a la estación, por favor —dijo mi abuela, muy digna.

—Sí, señora —dijo él—. Ahora mismo.

Mi abuela se metió en el taxi, se sentó y me colocó en su falda.

—¿Nos vamos a casa? —le pregunté.

—Sí —contestó—. Volvemos a Noruega.

—¡Hurra! —grité—. ¡Hurra, hurra!

—Pensé que te gustaría —dijo ella.

—Pero, ¿qué hacemos con el equipaje?

—¿A quién le importa el equipaje? —dijo.

El taxi iba por las calles de Bournemouth y era esa hora en que las aceras están abarrotadas de veraneantes que pasean sin tener nada que hacer.

—¿Cómo te encuentras, cielo? —preguntó mi abuela.

—Bien —contesté—. Estupendamente.

Ella se puso a acariciar la piel de mi cuello con un dedo.

—Hemos realizado grandes hazañas hoy —dijo.

—Ha sido fantástico —dije—. Absolutamente fantástico.

El corazón de un ratón

Era maravilloso haber vuelto a Noruega una vez más y estar en la antigua y hermosa casa de mi abuela. Pero ahora yo era tan pequeño que todo parecía distinto y tardé bastante tiempo en aprender a moverme por la casa. El mío era un mundo de alfombras, patas de mesas y de sillas, y de los pequeños huecos que quedan detrás de los muebles grandes. Las puertas cerradas no se podían abrir y las cosas que estuvieran sobre una mesa eran inalcanzables.

Pero al cabo de unos días mi abuela empezó a inventar cosas para hacer mi vida un poco más fácil. Le encargó a un carpintero que hiciera unas cuantas escaleritas altas y estrechas, y colocó una apoyada en cada mesa de la casa para que yo pudiera subir por ellas siempre que quisiera. Ella misma inventó un maravilloso mecanismo abrepuertas hecho de alambres, muelles y poleas, con pesas que colgaban de unas cuerdas, y al poco tiempo todas las puertas de la casa tenían un abrepuertas de éstos. Lo único que yo tenía que hacer era apretar con las patas delanteras una pequeña tablita de madera y, de inmediato, el muelle se estiraba, la pesa bajaba y la puerta se abría.

Luego, montó un sistema igualmente ingenioso para que yo pudiera encender cualquier luz cuan-

do entraba de noche en una habitación. No puedo explicar cómo funcionaba, porque no sé nada de electricidad, pero había un botoncito en el suelo al lado de cada puerta, y cuando yo apretaba ligeramente el botón con una pata, se encendía la luz.

Mi abuela me hizo un cepillo de dientes diminuto, utilizando como mango una cerilla, en la cual clavó trocitos de cerda de uno de sus cepillos de pelo.

—No debes tener caries en los dientes —me dijo—. ¡No puedo llevar a un *ratón* al dentista! ¡Creería que estoy loca!

—Es gracioso —dije—, pero desde que me convertí en ratón detesto el sabor de los dulces y del chocolate. Así que no creo que llegue a tener caries.

—De todas formas, te vas a lavar los dientes después de cada comida —dijo mi abuela.

Y así lo hacía.

Como bañera me dio un azucarero de plata y yo me bañaba en él todas las noches antes de acostarme. No dejaba entrar a nadie en la casa, ni siquie-

ra a una criada o una cocinera. Estábamos completamente solos y disfrutábamos mucho de nuestra mutua compañía.

Una tarde, cuando yo estaba en el regazo de mi abuela, delante de la chimenea, me dijo:

—Me pregunto qué habrá sido del pobre Bruno.

—No me sorprendería que su padre se lo haya dado al portero del hotel para que lo ahogara en el cubo —contesté.

—Me temo que tengas razón —dijo ella—. Pobrecito.

Nos quedamos en silencio durante unos minutos, mi abuela dando chupadas a su negro puro, mientras yo me adormilaba por el calorcillo.

—¿Puedo preguntarte algo, abuela? —dije.

—Pregúntame lo que quieras, cariño.

—¿Cuántos años vive un ratón?

—Ah —dijo ella—. Esperaba que me preguntaras eso.

Hubo un silencio. Ella fumaba y contemplaba el fuego.

—Bueno —dije—. ¿Cuánto vivimos los ratones?

—He estado leyendo libros sobre ratones —dijo—. He intentado averiguar todo lo que he podido acerca de ellos.

—Sigue, abuela. ¿Por qué no me lo dices?

—Si de verdad quieres saberlo —dijo—, me temo que los ratones no viven mucho.

—¿Cuánto? —pregunté.

—Bueno, un ratón *corriente* sólo vive unos tres años. Pero tú no eres un ratón corriente. Tú eres un ratón persona, y eso es muy diferente.

—¿Hasta qué punto? —pregunté—. ¿Cuánto vive un ratón persona, abuela?

—Más —dijo—. Mucho más.

—¿Cuánto más?

—Un ratón persona vive, casi seguro, tres veces más que un ratón corriente. Unos nueve años —dijo mi abuela.

—¡Estupendo! —grité—. ¡Eso es magnífico! ¡Es la mejor noticia que he tenido!

—¿Por qué dices eso? —preguntó, sorprendida.

—Porque no quisiera vivir más que tú —dije—. No soportaría que me cuidase otra persona.

Hubo un breve silencio. Ella tenía un modo de acariciarme con la yema de un dedo detrás de las orejas que me encantaba.

—¿Cuántos años tienes tú, abuela? —pregunté.

—Ochenta y seis —dijo.

—¿Vivirás ocho o nueve años más? —pregunté.

—Puede que sí —dijo—. Con un poco de suerte.

—Tienes que vivirlos —dije—. Porque para entonces yo seré un ratón muy viejo y tú serás una abuela muy vieja y poco después nos moriremos juntos.

—Eso sería perfecto —dijo.

Entonces me adormilé un ratito. Cerré los ojos sin pensar en nada y me sentí en paz con el mundo.

—¿Quieres que te diga algo muy interesante acerca de ti? —dijo mi abuela.

—Sí, por favor, abuela —dije, sin abrir los ojos.

—Yo no podía creerlo al principio, pero, al parecer, es completamente cierto.

—¿Qué es? —pregunté.

—El corazón de un ratón —dijo—, es decir, *tu* corazón, late *¡quinientas veces por minuto!* ¿No es asombroso?

—No es posible —dije, abriendo mucho los ojos.

—Tan cierto como que estoy aquí sentada —dijo ella—. Es una especie de milagro.

—¡Eso es casi nueve pulsaciones por segundo! —grité, después de calcularlo mentalmente.

—Exacto —dijo—. Tu corazón late tan rápido que es imposible oír las pulsaciones separadas. Sólo se oye un suave zumbido.

Ella llevaba un vestido de encaje y el encaje me hacía cosquillas en la nariz. Tenía que apoyar la cabeza en las patas delanteras.

—¿Has oído mi corazón zumbar alguna vez, abuela? —le pregunté.

—Muchas veces —contestó—. Lo oigo cuando estás tumbado en la almohada, muy cerca de mí, por las noches.

Los dos nos quedamos callados frente al fuego durante mucho rato, pensando en esas cosas maravillosas.

—Cariño —dijo ella, al fin—, ¿estás seguro de que no te importa ser un ratón el resto de tu vida?

—No me importa en absoluto —dije—. Da igual quién seas o qué aspecto tengas mientras que alguien te quiera.

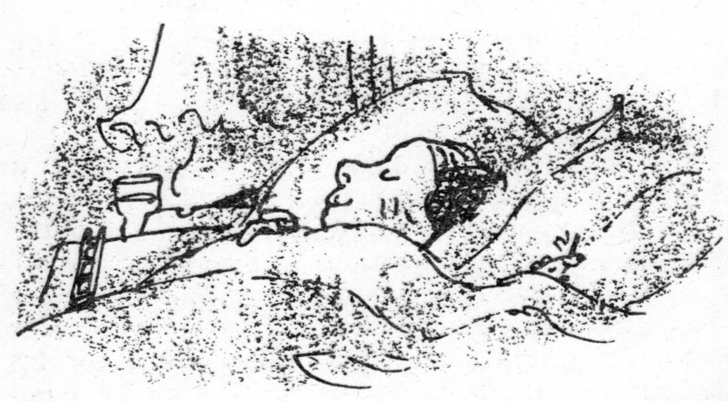

¡Vamos a trabajar!

Esa noche mi abuela cenó una tortilla sencilla y una rebanada de pan. Yo tomé un pedazo de ese queso noruego de leche de cabra que se llama *gjetost,* que ya me encantaba antes, cuando era un niño. Comimos delante de la chimenea, mi abuela en su sillón y yo sobre la mesa, con el queso moreno en un platito.

—Abuela —le dije—, ahora que hemos eliminado a La Gran Bruja, ¿desaparecerán gradualmente todas las demás brujas del mundo?

—Estoy segura de que no —contestó.

Dejé de masticar y la miré.

—¡Pero *tienen* que desaparecer! —grité—. ¡Seguro que sí!

—Me temo que no —dijo.

—Pero si ella ya no está allí, ¿cómo van a conseguir todo el dinero que necesitan? ¿Y quién va a darles órdenes y a estimularlas en los Congresos Anuales y a inventar todas las fórmulas mágicas?

—Cuando muere una abeja reina, siempre hay otra reina en la colmena, preparada para tomar su puesto —dijo ella—. Lo mismo ocurre con las brujas. En el cuartel general donde vive La Gran Bruja, hay siempre otra Gran Bruja esperando entre bastidores para sustituirla, si le sucede algo.

—¡Oh, no! —grité—. ¡Eso significa que todo lo que hemos hecho no ha servido de nada! ¿Me he convertido en ratón para nada?

—Hemos salvado a los niños de Inglaterra —dijo ella—. Yo no diría que eso no es nada.

—¡Lo sé, lo sé! —grité—. ¡Pero eso no basta, ni mucho menos! ¡Yo estaba seguro de que todas las brujas del mundo desaparecerían poco a poco, ahora que habíamos eliminado a su jefa! ¡Y tú me dices que todo va a seguir exactamente igual que antes!

—Exactamente igual que antes, no —dijo ella—. Por ejemplo, ya no queda ninguna bruja en Inglaterra. Eso es un gran triunfo, ¿no?

—¿Pero qué pasa con el resto del mundo? —grité—. ¿Qué pasa con América y Francia y Holanda y Alemania? ¿Y Noruega?

—No creas que me he estado sentada sin hacer nada estos últimos días —dijo—. Le he dedicado mucho tiempo y reflexión a ese problema.

Yo la estaba mirando a la cara cuando dijo esto, y de pronto noté que una sonrisita misteriosa empezaba a extenderse por sus ojos y en las comisuras de su boca.

—¿Por qué sonríes, abuela? —le pregunté.

—Tengo algunas noticias bastante interesantes que darte —dijo.

—¿Qué noticias?

—¿Te lo cuento todo desde el principio?

—Sí, por favor. Me gustan las buenas noticias.

Ella había terminado su tortilla y yo había tomado suficiente queso. Se limpió los labios con una servilleta y dijo:

—No bien volvimos a Noruega, cogí el teléfono e hice una llamada a Inglaterra.

—¿A quién en Inglaterra?

—Al Jefe de Policía de Bournemouth, cari-

ño. Le dije que era el Jefe de Policía de toda Noruega y que me interesaban los extraños sucesos que habían tenido lugar en el Hotel Magnífico recientemente.

—Espera un segundo, abuela —dije—. No es posible que un policía inglés se creyera que tú eras el Jefe de la policía noruega.

—Soy buenísima imitando una voz de hombre —dijo—. Por supuesto que me creyó. El policía de Bournemouth se sintió muy honrado de recibir una llamada del Jefe de Policía de toda Noruega.

—¿Y qué le preguntaste?

—Le pregunté el nombre y la dirección de la señora que se había hospedado en la habitación cuatrocientos cincuenta y cuatro del Hotel Magnífico, la que había desaparecido.

—¡Quieres decir La Gran Bruja! —grité.

—Sí, cariño.

—¿Y te la dio?

—Naturalmente que me la dio. Un policía siempre ayuda a otro policía.

—¡Dios mío, qué valor tienes, abuela!

—Quería su dirección —dijo mi abuela.

—¿Y él *sabía* su dirección?

—Claro que sí. Habían encontrado su pasaporte en la habitación, y en él constaba la dirección. También estaba en el registro del hotel. Todo el que se hospeda en un hotel tiene que poner su nombre y dirección en el libro de registro.

—¡Pero seguro que La Gran Bruja no iba a poner su *verdadero* nombre y dirección en el registro del hotel! —dije.

—¿Y por qué no? —dijo mi abuela—. Nadie en el mundo tenía ni la menor idea de quién era ella, excepto las otras brujas. A todas partes donde iba, la gente la conocía sólo como una señora agradable. *Tú,* cariño, y *nadie más que tú,* eres la única persona que la vio sin la máscara. Incluso en el pueblo donde vivía, la gente la conocía como una amable y riquísima baronesa que daba grandes sumas de dinero para obras de caridad. Lo he comprobado.

Yo me estaba poniendo muy nervioso con todo esto.

—Y esa dirección que te dieron, abuela, debe de haber sido el cuartel general secreto de La Gran Bruja.

—Lo sigue siendo —dijo ella—. Y será allí, con seguridad, donde la nueva Gran Bruja estará viviendo en este mismo momento con su séquito de Brujas Ayudantes. Los dirigentes importantes están siempre rodeados de un gran séquito de ayudantes.

—¿Dónde está su cuartel general, abuela? —grité—. ¡Dime pronto dónde está!

—Es un castillo —dijo mi abuela—. ¡Y lo fascinante es que en ese castillo estarán todos los nombres y direcciones de todas las brujas del mundo! ¿De qué otro modo podría La Gran Bruja dirigir sus negocios? ¿Cómo iba a convocar a las brujas de los distintos países a los Congresos Anuales?

—¿Dónde está el castillo? —grité, impaciente—. ¿En qué país? ¡Dímelo pronto!

—Adivínalo —dijo ella.

—¡Noruega! —grité.

—¡Acertaste a la primera! —dijo ella—. En lo alto de las montañas, encima de un pueblecito.

La noticia era sensacional. Bailé una pequeña danza de emoción encima de la mesa. Mi abuela también estaba muy excitada, y se levantó trabajosamente de su sillón y se puso a pasear arriba y abajo, dando golpecitos en la alfombra con su bastón.

—¡Así que tenemos que ponernos a trabajar, tú y yo! —gritó—. ¿Tenemos una gran tarea ante nosotros! ¡Menos mal que eres un ratón! ¡Un ratón puede ir a cualquier parte! ¡Lo único que tendré que hacer será dejarte en algún sitio cerca del castillo de La Gran Bruja y te será fácil entrar y moverte por allí, mirando y escuchando todo lo que quieras!

—¡Lo haré! ¡Lo haré! —contesté—. ¡Nadie me verá! ¡Moverme por un gran castillo será un juego de niños comparado con entrar en una cocina llena de camareros y cocineros!

—¡Podrías incluso pasar *días* allí si fuera necesario! —gritó mi abuela.

En su excitación, agitaba el bastón de un lado para otro y, de pronto, golpeó un jarrón alto y muy hermoso, que cayó al suelo y se rompió en mil pedazos.

—¡Olvídalo! —dijo—. Sólo era un Ming. ¡Podrías pasar *semanas* en ese castillo si quisieras y nadie te descubriría! Yo alquilaría una habitación en el pueblo y tú podrías salir del castillo y venir a cenar conmigo todas las noches para contármelo todo!

—¡Sí! ¡Sí! —grité—. ¡Y en el castillo podría husmear por todos sitios!

—Pero tu principal misión, por supuesto, sería destruir a todas las brujas del lugar —dijo mi abuela—. ¡Eso sí que sería el verdadero fin de toda la organización!

—¿Destruirlas *yo* a ellas? —grité—. ¿Cómo podría hacerlo?

—¿No te lo imaginas?

—Dímelo.

—¡El Ratonizador! —gritó mi abuela—. Fórmula ochenta y seis. Ratonizador de Acción Retardada. ¡Se lo darías a todas las del castillo, echando unas gotas en su comida! Te acuerdas de la receta, ¿no?

—¡Con todo detalle! —contesté—. ¿Quieres decir que la vamos a preparar nosotros mismos?

—¿Por qué no? —gritó ella—. Si *ellas* pueden hacerla, ¡nosotros también! ¡Sólo es cuestión de saber los ingredientes!

—¿Y quién va a trepar a los árboles altos para coger los huevos del pájaro gruñón? —le pregunté.

—¡Yo! —gritó—. ¡Lo haré yo misma! ¡Todavía hay mucha vida en esta perra vieja!

—Creo que será mejor que yo haga parte del trabajo, abuela. Puede que tú fracasaras.

—¡Eso no son más que pequeños detalles! —gritó ella, moviendo el bastón de un lado a otro—. ¡No permitiremos que nada se interponga en nuestro camino!

—¿Y qué pasará después? —le pregunté—. ¿Después de que La Gran Bruja y todas las demás que están en el castillo se hayan convertido en ratones?

—Entonces el castillo estará completamente vacío y yo entraré y me reuniré contigo y...

—¡Espera! —grité—. ¡Un momento, abuela! ¡Se me acaba de ocurrir una idea desagradable!

—¿Qué idea desagradable? —dijo ella.

—Cuando el Ratonizador me transformó a *mí* en un ratón, no me convertí en un ratón vulgar y corriente que puedes atrapar en una ratonera. Me convertí en un ratón persona inteligente, que piensa y que habla, ¡y que ni se le ocurriría acercarse a una ratonera!

Mi abuela se paró en seco. Comprendió lo que venía a continuación.

—Por lo tanto —continué—, si usamos el Ratonizador para convertir a la nueva Gran Bruja y a las otras brujas del castillo en ratones, todo el lugar será un hervidero de ratones brujas listísimas, malísimas y peligrosísimas. Y eso —añadí— podría ser verdaderamente horrible.

—¡Tienes razón! —gritó—. ¡Eso no se me había ocurrido!

—Yo no podría dominar un castillo lleno de ratones brujas —dije.

—Ni yo tampoco —dijo ella—. Habría que deshacerse de ellas de inmediato. Habría que aplastarlas y destrozarlas y hacerlas picadillo como sucedió en el Hotel Magnífico.

—Yo no pienso hacer eso —dije—. Además, no podría. Y creo que tú tampoco, abuela. Y las ratoneras no servirían de nada. A propósito —añadí—, La Gran Bruja que me atrapó estaba equivocada respecto a las ratoneras, ¿no?

—Sí, sí —dijo mi abuela con impaciencia—. Pero no me preocupa *esa* Gran Bruja. Hace ya mucho que el cocinero del hotel la hizo picadillo. Es de la *nueva* Gran Bruja de quien tenemos que ocuparnos ahora, la que está en el castillo, y de sus ayudantes. Una Gran Bruja disfrazada de señora ya es bastante peligrosa, ¡pero imagínate lo que podría hacer si fuera un ratón! ¡Podría ir a cualquier sitio!

—¡Ya lo tengo! —grité, pegando un salto de medio metro—. ¡Tengo la solución!

—¡Dime! —gritó mi abuela.

—¡La solución son los GATOS! Traer muchos gatos!

Mi abuela me miró fijamente. Luego una gran sonrisa la iluminó la cara y gritó:

—¡Es una brillante idea! ¡Absolutamente brillante!

—¡Soltamos media docena de gatos en el castillo, y matarán a todos los ratones en cinco minutos, por muy listos que sean!

—¡Eres un genio! —gritó mi abuela, blandiendo su bastón otra vez.

—¡Cuidado con los jarrones, abuela!

—¡A la porra los jarrones! —gritó—. ¡Estoy tan emocionada que no me importa romperlos todos!

—Una cosa —dije—, tienes que asegurarte bien de que yo no esté allí, antes de soltar a los gatos.

—Prometido —dijo.

—¿Qué vamos a hacer cuando los gatos hayan matado a todos los ratones? —le pregunté.

—Me llevaré a todos los gatos al pueblo, y entonces tú y yo tendremos todo el castillo para nosotros.

—¿Y luego?

—¡Luego examináremos los archivos y tendremos los nombres y direcciones de todas las brujas del mundo!

—¿Y después de eso? —dije, temblando de emoción.

—Después de eso, mi vida, ¡empezará para nosotros la tarea más grande de todas! ¡Haremos las maletas y viajaremos por el mundo entero! ¡En cada país que visitemos, buscaremos las casas donde viven las brujas! Encontraremos cada casa, una por una, y una vez encontrada, tú te introducirás en ella y pondrás unas gotitas del mortal Ratonizador en el pan, o en los cereales, o en el arroz, o en cualquier alimento que veas por allí. ¡Será un triunfo, cielo mío! ¡Un triunfo colosal, insuperable! ¡Lo haremos tú y yo solos! ¡Ese será nuestro trabajo para el resto de nuestras vidas!

Mi abuela me levantó de la mesa y me dio un beso en la nariz.

—¡Oh, Dios mío, vamos a estar ocupadísimos las próximas semanas, y meses, y años!

—Creo que sí —dije—. ¡Pero qué divertido y emocionante va a ser!

—¡Puedes estar seguro! —gritó mi abuela, dándome otro beso—. ¡Estoy impaciente por empezar!

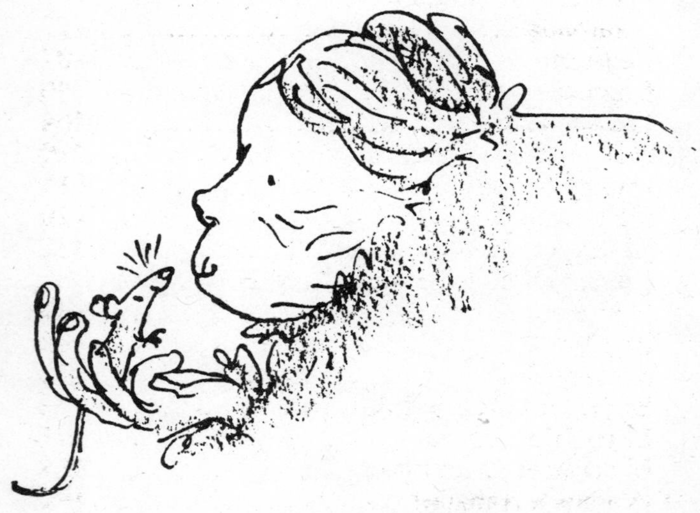

ÍNDICE

ESTE LIBRO SE TERMINÓ DE IMPRIMIR EN LOS TALLERES GRÁFICOS DE PRINTING-BOOK, S. L., MÓSTOLES (MADRID), EN EL MES DE NOVIEMBRE DE 2001, HABIÉNDOSE EMPLEADO, TANTO EN INTERIORES COMO EN CUBIERTA, PAPELES 100 % RECICLADOS.